A Personagem de Ficção

Coleção Debates
Dirigida por J. Guinsburg
(*in memoriam*)

Equipe de Realização – Edição de Texto: Geraldo Gerson de Souza; Produção: Ricardo W. Neves e Sergio Kon.

**antonio candido
anatol rosenfeld
décio de almeida prado
paulo emílio salles gomes**

A PERSONAGEM
DE FICÇÃO

 PERSPECTIVA

CIP-Brasil. Catalogação-na-Fonte
Sindicato Nacional dos Editores de Livros, RJ

A Personagem de ficção / Antonio Candido... [et. al.]. – São Paulo: Perspectiva, 2014. – (Debates ; 1 / dirigida por J. Guinsburg)

1. reimpr. da 13. ed. de 2014
Outros autores: Anatol Rosenfeld, Décio de Almeida Prado, Paulo Emílio Salles Gomes
Bibliografia.
ISBN 978-85-273-0164-0

1. Ficção 2. Personagens e tipos na literatura I.Candido, Antonio, II. Rosenfeld, Anatol. III. Prado, Décio de Almeida. IV. Gomes, Paulo Emílio Salles. V. Guinsburg, J. VI. Série.

07-1244.   CDD: 809.927

Índices para catálogo sistemático:
1. Personagem de ficção : Literatura 809.927

13ª edição – 2ª reimpressão

Direitos reservados à

EDITORA PERSPECTIVA LTDA.

Rua Augusta, 2445, cj. 1
01413-100 São Paulo SP Brasil
Telefax: (11) 3885-8388
www.editoraperspectiva.com.br

2021

SUMÁRIO

Prefácio 5

Literatura e Personagem – Anatol Rosenfeld 9

A Personagem do Romance – Antonio Candido 51

A Personagem no Teatro – Décio de Almeida Prado ... 81

A Personagem Cinematográfica – Paulo Emílio Salles Gomes 103

PREFÁCIO

O livro seguinte reproduz, com o mesmo título, o Boletim n.º 284 da Faculdade de Filosofia, Ciências e Letras da Universidade de São Paulo, publicado em 1964. Nascido de uma experiência de ensino, julgo oportuno reproduzir a parte do Prefácio que explicava a sua elaboração.

"Este Boletim resulta das atividades do Seminário Interdisciplinar, iniciativa pela qual procuro dar aos cursos a meu cargo o caráter de interrelação com outros pontos de vista, indispensáveis ao estudo da Teoria Literária. Esta matéria toca não apenas em outros domínios do saber, como a Filosofia e a Lingüística, mas na realidade viva das diversas artes. Daí se encontrarem nesta publicação, como se encontraram nas atividades do Seminário, estudiosos da Filosofia, da Literatura, do Teatro e do Cinema.

O curso de 1961 para o 4.º ano versou "Teoria e Análise do Romance"; dentre os seus tópicos, foi selecionado o referente à "Personagem" (explanado no mês de abril), para os trabalhos do Seminário. Eles se estenderam de outubro a novembro, depois de terminadas as aulas, constando de exposições sobre o problema geral da ficção pelo Professor Anatol Rosenfeld; sobre a personagem de teatro, pelo Professor Décio de Almeida Prado; sobre a personagem de cinema, pelo Professor Paulo Emílio Sales Gomes. A seguir, vieram outras atividades, como uma Mesa Redonda, com participação dos alunos e dos quatro docentes, para balanço e esclarecimento de problemas; a projeção do filme *La Dolce Vita,* de Federico Fellini, comentado pelo Professor Paulo Emílio Sales Gomes do ângulo das técnicas de caracterização psicológica; a representação da peça *A Escada,* de Jorge Andrade, seguida de debate sobre a caracterização cênica, orientado pelo Professor Décio de Almeida Prado, com a participação central do encenador, Flávio Rangel, e a colaboração da crítica de teatro Bárbara Heliodora Carneiro de Mendonça. Dessa maneira, procurou-se pôr os estudantes em contato com várias faces de um problema complexo, a fim de que a teoria e a análise, do ponto de vista literário, ficassem o mais esclarecidas possível pela incidência de outros focos.

Neste Boletim, recolhem-se as aulas sobre personagem do professor do curso e as contribuições do Seminário, redigidas especialmente para o caso. Como se verá, as exposições críticas sobre o problema no romance, no teatro e no cinema giram estruturalmente em torno da exposição básica sobre o problema geral da ficção, embora cada autor tenha escrito a sua contribuição independentemente e com toda a liberdade."

Na presente edição, suprimiu-se a pequena bibliografia final, de interesse meramente indicativo, e corrigiram-se alguns erros tipográficos.

São Paulo, 31 de janeiro de 1968

Antonio Candido de Mello e Souza

LITERATURA E PERSONAGEM

Conceito de Literatura

Geralmente, quando nos referimos à literatura, pensamos no que tradicionalmente se costuma chamar "belas letras" ou "beletrística". Trata-se, evidentemente, só de uma parcela da literatura. Na acepção lata, literatura é tudo o que aparece fixado por meio de letras — obras científicas, reportagens, notícias, textos de propaganda, livros didáticos, receitas de cozinha etc. Dentro deste vasto campo das letras, as *belas* letras representam um setor restrito. Seu traço distintivo parece ser menos a beleza das letras do que seu caráter fictício ou imaginário [1]. A delimitação do campo da beletrística pelo caráter ficcional ou imaginário tem a vantagem de basear-se em momentos de "lógica literária" que, na maioria dos casos, podem ser verificados com certo rigor, sem que seja necessário recorrer a valorizações estéticas. Contudo, o critério do caráter ficcional ou imaginário não satisfaz inteiramente o propósito de delimitar o campo da literatura no sentido restrito. A literatura de cordel tem caráter ficcional, mas não se pode dizer o mesmo dos *Sermões* do Padre Vieira, nem dos escritos de Pascal, nem provavelmente dos diários de Gide ou Kafka. Será ficção o poema didático *De rerum natura*, de Lucrécio? No entanto, nenhum historiador da literatura hesitará em eliminar das suas obras os romances triviais de baixo entretenimento e em nelas acolher os escritos mencionados. Parece portanto impossível renunciar por inteiro a critérios de valorização, principalmente estética, que como tais não atingem objetividade científica embora se possa ao menos postular certo consenso universal na maioria dos casos.

Os critérios de valorização, principalmente estética, permitem-nos considerar uma série de obras de caráter não-ficcional como obras de arte literárias e eliminar, de outro lado, muitas obras de ficção que não atingem certo nível estético. O uso conjunto de ambos os critérios recortaria, dentro do próprio campo das belas letras, uma área de intersecção limitada àquelas obras que ao mesmo tempo tenham caráter ficcional e alcancem alto nível estético.

1. O significado dêste termo, no sentido usado neste trabalho, se esclarecerá mais adiante, sem que haja qualquer pretensão de uma abordagem ampla e profunda deste conceito tradicional, desde a antiguidade objeto de muitas discussões. Contribuições recentes para a sua análise encontram-se nas obras de J.-P. Sartre, *L'Imagination* e *L'Imaginaire*, Roman Ingarden, *Das literarische Kunstwerk* (*A obra-de-arte literária*) e *Untersuchungen zur Ontologie der Kunst* (*Investigações acêrca da ontologia da arte*), M. Dufrenne, *Phénoménologie de l'expérience esthétique* — tôdas baseadas nos métodos de E. Husserl.

A Estrutura da Obra Literária

A estrutura de um texto qualquer, ficcional ou não, de valor estético ou não, compõe-se de uma série de planos, dos quais o único real, sensivelmente dado, é o dos sinais tipográficos impressos no papel. Mas este plano, embora essencial à fixação da obra literária, não tem função específica na sua constituição, a não ser que se trate de um texto concretista. No nexo deste trabalho, este plano deve ser posto de lado, assim como todas as considerações sobre tendências literárias recentíssimas, cuja conceituação ainda se encontra em plena elaboração.

Como camadas já irreais — irreais por não terem autonomia ôntica, necessitando da atividade concretizadora e atualizadora do apreciador adequado — encontramos as seguintes: a dos fonemas e das configurações sonoras (orações), "percebidas" apenas pelo ouvido interior, quando se lê o texto, mas diretamente dadas quando o texto é recitado; a das unidades significativas de vários graus, constituídas pelas orações; graças a estas unidades, são "projetadas", através de determinadas operações lógicas, "contextos objectuais" (*Sachverhalte*), isto é, certas relações atribuídas aos objetos e suas qualidades ("a rosa é vermelha"; "da flor emana um perfume"; "a roda gira"). Estes contextos objectuais determinam as "objectualidades", por exemplo, as teses de uma obra científica ou o mundo imaginário de um poema ou romance.

Mercê dos contextos objectuais, constitui-se um plano intermediário de certos "aspectos esquematizados" que, quando especialmente preparados, determinam concretizações específicas do leitor. Quando vemos uma bola de bilhar deslizando sobre o pano verde, "vivenciamos" um fluxo contínuo de aspectos variáveis de um disco eliptóide, de uma cor clara extremamente matizada; através desses aspectos variáveis é-nos dada

13

e se mantém inalterada a "percepção" da esfera branca da bola. Em geral, os textos apresentam-nos tais aspectos mediante os quais se constitui o objeto. Contudo, a preparação especial de selecionados aspectos esquemáticos é de importância fundamental na obra ficcional — particularmente quando de certo nível estético — já que desta forma é solicitada a imaginação concretizadora do apreciador. Tais aspectos esquemáticos, ligados à seleção cuidadosa e precisa da palavra certa com suas conotações peculiares, podem referir-se à aparência física ou aos processos psíquicos de um objeto ou personagem (ou de ambientes ou pessoas históricas etc.), podem salientar momentos visuais, táteis, auditivos etc.

Em poemas ou romances tradicionais, a preparação especial dos aspectos é bem mais discursiva do que, por exemplo, em certos poemas elípticos de Ezra Pound ou do último Brecht, em que a justaposição ou montagem de palavras ou orações, sem nexo lógico, deve, como num ideograma, resultar na síntese intuitiva de uma imagem, graças à participação intensa do leitor no próprio processo da criação (a teoria da montagem fílmica de Eisenstein baseia-se nos mesmos princípios).

Num quadro figurativo há só *um* aspecto para mediar os objetos, mas este é de uma concreção sensível nunca alcançada numa obra literária. Esta, em compensação, apresenta grande número de aspectos, embora extremamente esquemáticos. O cinema e o teatro apresentam muitos aspectos concretos, mas não podem, como a obra literária, apresentar diretamente aspectos psíquicos, sem recurso à mediação física do corpo, da fisionomia ou da voz.

Às camadas mencionadas devem ser acrescentadas, numa obra ficcional de elevado valor, várias outras — as dos significados espirituais mais profundos que transparecem através dos planos anteriores, principalmente o das objectualidades imaginárias, constituídas, em última análise, pelas orações [2]. Este mundo fictício ou mimético, que freqüentemente reflete momentos selecionados e transfigurados da realidade empírica exterior à obra, torna-se, portanto, representativo para algo além dele, principalmente além da realidade empírica, mas imanente à obra.

A Obra Literária Ficcional

1) *O problema ontológico.* A verificação do caráter ficcional de um escrito independe de critérios de valor. Trata-se de problemas ontológicos, lógicos e epistemológicos.

Como foi exposto antes, uma das funções essenciais da oração é a de projetar, como correlato, um contexto objectual que é transcendente ao mero conteúdo significativo da oração, embora tenha nele seu fundamento ôntico. Assim, a oração "Mário estava de pijama" projeta um correlato objectual que constitui certo ser fora da oração. Mas o Mário assim projetado deve ser rigorosamente distinguido de certo Mário real, possivelmente visado pela oração. Como tal, o correlato da oração pode referir-se tanto a um rapaz que existe independentemente da oração, numa esfera ôntica autônoma (no caso, a da realidade), como permanecer sem referência a nenhum moço real. Todo texto, artístico ou não, ficcional ou não, projeta tais contextos objectuais "puramente intencionais", que podem referir-se ou não a objetos onticamente autônomos.

Imaginemos que eu esteja vendo diante de mim o Mário real; é evidente que na minha consciência há só uma imagem dele, aliás não notada por mim, já que me refiro diretamente ao Mário real. Posso chamar

---

2. À análise minuciosa da estrutura "vertical" do texto literário é dedicada a obra de Roman Ingarden, *Das literarische Kunstwerk*; os planos mais profundos foram estudados particularmente por Nicolai Hartmann, em sua *Aesthetik*.

15

este objeto — o Mário real — de "também intencional", visto o mesmo existir não por graça do meu ato, mas ter plena autonomia, mesmo quando visado por mim num ato intencional, como agora. Todavia, a imagem dele, a qual o representa na minha consciência (embora não a note), é "puramente intencional", visto não possuir autonomia ôntica e existir por graça do meu ato. Posso reproduzi-la até certo ponto na minha mente, mesmo sem ver o rapaz autônomo; posso também transformá-la mercê de certas operações espontâneas. É óbvio que as orações só podem projetar tais correlatos puramente intencionais, já que não lhes é dado — tampouco como à minha consciência — encerrar os objetos "também intencionais".

Ainda assim, as objectualidades puramente intencionais projetadas por intermédio de orações têm certa tendência a se constituírem como "realidade". Se a oração "Mário estava de pijama" apresenta o môço pela primeira vez, este torna-se portador do traje a êle atribuído; portador graças à função específica de sujeito da oração; e portador *de algo,* em virtude da função significativa da cópula. O pretérito, apesar de em certos casos ter o cunho fictício do "era uma vez", tem em geral mais força "realizadora" e "individualizadora" do que a voz do presente ("O elefante *pesa* no mínimo uma tonelada" pode ser o enunciado de um zoólogo sobre os elefantes em geral; mas "o elefante *pesava* no mínimo uma tonelada" refere-se a um elefante individual, existente em determinado momento). De qualquer modo, a oração projeta o objeto — Mário — como um "ser independente". Com efeito, ela sugere que Mário já existia e já estava de pijama antes de a oração assinalar este "fato". Ao seguir a próxima oração: "Ele batia uma carta na máquina de escrever", Mário já se emancipou de tal modo das orações, que os contextos objectuais, embora estejam pouco a pouco constituindo e produzindo o moço, parecem ao contrário apenas *revelar* pormenores de um ser autônomo. E isso ao ponto de o mundo objectual assim constituído pelas orações (mas que se insinua como independente, apenas *descrito* pelas orações) se apresentar como um contínuo, apesar de as orações serem naturalmente descontínuas como os fotogramas de uma fita de cinema. À base das orações, o leitor atribui a Mário uma vida anterior à sua "criação" pelas orações; coloca a máquina sôbre uma mesa (não mencionada) e o rapaz sôbre uma cadeira; o conjunto num quarto, este numa casa, esta numa cidade — embora nada disso tenha sido mencionado.

Uma das diferenças entre o texto ficcional e outros textos reside no fato de, no primeiro, as orações projetarem contextos objectuais e, através destes, seres e mundos puramente intencionais, que não se referem, a não ser de modo indireto, a seres também intencionais (onticamente autônomos), ou seja, a objetos determinados que independem do texto. Na obra de ficção, o raio da intenção detém-se nestes seres puramente intencionais, somente se referindo de um modo indireto — e isso nem em todos os casos — a qualquer tipo de realidade extraliterária. Já nas orações de outros escritos, por exemplo, de um historiador, químico, repórter etc., as objectualidades puramente intencionais não costumam ter por si só nenhum (ou pouco) "peso" ou "densidade", uma vez que, na sua abstração ou esquematização maior ou menor, não tendem a conter em geral esquemas especialmente preparados de aspectos que solicitam o preenchimento concretizador. O raio de intenção passa através delas diretamente aos objetos também intencionais, à semelhança do que se verifica no caso de eu ver diante de mim o moço acima citado, quando nem sequer noto a presença de uma "imagem" interposta.

Há um processo semelhante no caso de um jornal cinematográfico ou de uma foto de identificação. Trata-se de "imagens puramente intencionais" que, no entanto, procuram omitir-se para franquear a visão da própria realidade. Já num retrato artístico a imagem puramente intencional adquire valor próprio, certa densidade que facilmente "ofusca" a pessoa retratada. Aliás, mesmo diante de um fotógrafo despretensioso a pessoa tende a compor-se, tomar uma pose, tornar-se "personagem"; de certa forma passa a ser cópia antecipada da sua própria cópia. Chega a fingir a alegria que deveras sente.

2) *O problema lógico.* Os enunciados de uma obra científica e, na maioria dos casos, de notícias, reportagens, cartas, diários etc., constituem juízos, isto é, as objectualidades puramente intencionais *pretendem* corresponder, adequar-se exatamente aos sêres reais (ou ideais, quando se trata de objetos matemáticos, valores, essências, leis etc.) referidos. Fala-se então de *adequatio orationis ad rem*. Há nestes enunciados a intenção séria de verdade. Precisamente por isso pode-se falar, nestes casos, de enunciados errados ou falsos e mesmo de mentira e fraude, quando se trata de uma notícia ou reportagem em que se pressupõe intenção séria.

O termo "verdade", quando usado com referência a obras de arte ou de ficção, tem significado diverso. Designa com freqüência qualquer coisa como a genuinidade, sinceridade ou autenticidade (termos que em geral visam à atitude subjetiva do autor); ou a verossimilhança, isto é, na expressão de Aristóteles, não a adequação àquilo que aconteceu, mas àquilo que poderia ter acontecido; ou a coerência interna no que tange ao mundo imaginário das personagens e situações miméticas; ou mesmo a visão profunda — de ordem filosófica, psicológica ou sociológica — da realidade.

Até neste último caso, porém, não se pode falar de juízos no sentido preciso. Seria incorreto aplicar aos enunciados fictícios critérios de veracidade cognoscitiva. Sentimos que a obra de Kafka nos apresenta certa visão profunda da realidade humana, sem que, contudo, seja possível "verificar" a maioria dos enunciados individuais ou todos eles em conjunto, quer em termos empíricos, quer puramente lógicos. Na obra de Knut Hamsun há uma visão profunda inteiramente diversa da realidade, mas seria impossível chamar a maioria dos enunciados ou o conjunto deles de "falsos". Quando chamamos "falsos" um romance trivial ou uma fita medíocre, fazemo-lo, por exemplo, porque percebemos que neles se aplicam padrões do conto de carochinha a situações que pretendem representar a realidade cotidiana. Os mesmos padrões que funcionam muito bem no mundo mágico-demoníaco do conto de fadas revelam-se falsos e caricatos quando aplicados à representação do universo profano da nossa sociedade atual (a não ser que esta própria aplicação se torne temática). "Falso" seria também um prédio com portal e átrio de mármore que encobrissem apartamentos miseráveis. É esta incoerência que é "falsa". Mas ninguém pensaria em chamar de falso um autêntico conto de fadas, apesar de o seu mundo imaginário corresponder muito menos à realidade empírica do que o de qualquer romance de entretenimento.

Ainda assim a estrutura das orações ficcionais parece ser em geral a mesma daquela de outros textos. Parece tratar-se de juízos. O que os diferencia dos verdadeiros é a intenção diversa — isto é, a intenção que se detém nas objectualidades puramente intencionais (e nos significados mais profundos por elas sugeridos), sem atravessá-las, diretamente, em direção a quaisquer objetos autônomos, como ocorre, no nosso exemplo, na visão do môço real. É essa intenção diversa — não

19

necessariamente visível na estrutura dos enunciados — que transforma as orações de uma obra ficcional em "quase-juízos"[3]. A sua intenção não é "séria"[4]. O autor convida o leitor a deter o raio de intenção na *imagem* de Mário, sem buscar correspondências exatas com qualquer pessoa real deste mesmo nome[5].

Todavia, os textos ficcionais, apesar de seus enunciados costumarem ostentar o hábito exterior de juízos, revelam nitidamente a intenção ficcional, mesmo quando esta intenção não é objetivada na capa do livro, através da indicação "romance", "novela" etc. Ainda que a obra não se distinga pela energia expressiva da linguagem ou por qualquer valor específico, notar-se-á o esforço de particularizar, concretizar e individualizar os contextos objectuais, mediante a preparação de aspectos esquematizados e uma multiplicidade de pormenores circunstanciais, que visam a dar aparência real à situação imaginária. É paradoxalmente esta intensa aparência" de realidade que revela a intenção ficcional ou mimética. Graças ao vigor dos detalhes, à "veracidade" de dados insignificantes, à coerência interna, à lógica das motivações, à causalidade dos eventos etc.,

---

3. A expressão é usada por Roman Ingarden em *Das literarische Kunstwerk*. J.-P. Sartre, em *L'Imagination*, formula: "Il y a là un type d'affirmation, un type d'existence intermédiaire entre les assertions fausses du rêve et les certitudes de la veille: et ce type d'existence est évidemment celui des créations imaginaires. Faire de celles-ci des actes judicatifs, c'est leur donner trop" (p. 137).

4. Quando da publicação de seus *Buddenbrooks*, Th. Mann foi violentamente atacado devido ao retratamento de pessoas e aspectos da cidade de Lübeck. Tais incidentes são freqüentes na história da literatura. Num ensaio sobre o caso ("Bilse und ich"), Th. Mann declarou: "Quando faço de uma coisa uma oração — que tem que ver esta coisa com a oração?" O fato é que mesmo uma cidade realmente existente torna-se ficção no contexto fictício, já que representa determinado papel no mundo imaginário. Isso se refere também às imagens de filmes tomadas no ambiente real correspondente ao enredo: o ambiente, embora em si real, situa-se agora num espaço fictício e torna-se igualmente fictício. Um enunciado como "dois e dois são quatro" é sempre verídico; mas quando preferido por uma personagem, com intenção séria, esta intenção séria é, por sua vez, fictícia; e quando ocorre na própria narração, a intenção fictícia transforma o enunciado em quase-juízo, embora em si certo. Quando, em *A Lição*, de Ionesco, o professor e a aluna se debatem com multiplicações astronômicas, ninguém pensaria em verificar os resultados. A função dos juízos aritméticos, no contexto fictício, não é esta.

5. A consciência do caráter ficcional não tem sido sempre nítida. Wolfgang Kayser (em: *Die Wahrheit der Dichter — A verdade dos Poetas*) demonstra que no século XVI os leitores de romance não tinham a noção nítida de que os enunciados respectivos eram fictícios.

tende a constituir-se a verossimilhança do mundo imaginário. Mesmo sem alguns destes elementos o texto pode alcançar tamanha força de convicção que até estórias fantásticas se impõem como quase-reais. Todavia, a aparência da realidade não renega o seu caráter de aparência. Não se produzirá, na "verdadeira ficção", a decepção da mentira ou da fraude. Trata-se de um "verdadeiro ser aparencial" (Julian Marías), baseado na conivência entre autor e leitor. O leitor, parceiro da empresa lúdica, entra no jogo e participa da "não--seriedade" dos quase-juízos e do "fazer de conta".

Uma oração como esta: "Enquanto falava, a mulherzinha deitava sobre o marechal os grande olhos que despediam chispas. Floriano parecia incomodado com aquele chamejar; era como se temesse derreter-se ao calor daquele olhar..." (Lima Barreto, *Triste Fim de Policarpo Quaresma*) revela de imediato, apesar do contexto histórico, a intenção ficcional. O autor parece convidar o leitor a permanecer na camada imaginária que se sobrepõe e encobre a realidade histórica.

3) *O problema epistemológico (a personagem)*. É porém a personagem que com mais nitidez torna patente a ficção, e através dela a camada imaginária se adensa e se cristaliza. Isto é pouco evidente na poesia lírica, em que não parece haver personagem. Todavia, expresso ou não, costuma manifestar-se no poema um "Eu lírico" que não deve ser confundido com o Eu empírico do autor. Sem dúvida, houve no decurso da história grandes variações neste campo. Não se devem aplicar os mesmos padrões e conceitos a poemas da Grécia antiga, a poemas românticos e a poemas atuais. Parece, contudo, que se pode negar em geral a opinião de que nas orações de poemas líricos se trata de juízos, de "enunciados existenciais" acerca de determinada realidade psíquica do poeta ou qualquer realidade exterior a ele. É precisamente no poema que são mobilizadas

todas as virtualidades expressivas da língua e toda a energia imaginativa.

No caso de versos como estes:

> A chuva de outono molha
> O peso da minha altura
> E tal rosa que desfolha
> Tenho pétalas na figura [6]

seria absurdo falar de juízos, mesmo subjetivos, referentes, passo a passo, a estados psíquicos reais da poetisa[7]. É perfeitamente possível que haja referência indireta a vivências reais; estas, porém, foram transfiguradas pela energia da imaginação e da linguagem poética que visam a uma expressão "mais verdadeira", mais definitiva e mais absoluta do que outros textos. O poema não é uma "foto" e nem sequer um "retrato artístico" de estados psíquicos; exprime uma visão estilizada, altamente simbólica, de certas experiências. Mesmo em versos aparentemente confessionais como estes de Safo: "A lua se pôs e as Plêiades, pelo meio anda a noite, esvai-se a juventude, mas eu estou deitada, sozinha" — não se deve confundir o Eu lírico dentro do poema com o Eu empírico fora dele. Este último se desdobra e objetiva, através das categorias estéticas, constituindo-se na personagem universal da mulher ansiosa por amor. Até um poeta como Goethe que, na sua fase romântica, considerava a poesia a mais poderosa expressão da verdade, como "revelação" da intimidade, chegou, já aos vinte anos, à conclusão de Fernando Pessoa (o poeta finge mesmo a dor que deveras sente), porque o poema é, antes de tudo, *Gestalt*, forma viva, beleza. Variando concepções de Platão, declara que a beleza "não é luz e não é noite; é cre-

---
6. Lupe Cotrim Garaude, *Raiz Comum*.
7. Tal é, contudo, a opinião de Kaethe Hamburger em *Die Logik der Dichtung* (*A Lógica da Ficção*); segundo a autora, os enunciados de um poema lírico seriam "juízos existenciais", juízos subjetivos, mas juízos.

púsculo; é resultado da verdade e não-verdade. Coisa intermediária". São quase os termos com que Sartre descreve a ficção.

Contudo, a personagem do poema lírico não se define nitidamente. Antes de tudo pelo fato de o Eu lírico manifestar-se apenas no monólogo, fundido com o mundo ("A chuva de outono molha / O peso da minha altura"), de modo que não adquire contornos marcantes; depois, porque exprime em geral apenas estados enquanto a personagem se define com nitidez somente na distensão temporal do evento ou da ação.

Como indicadora mais manifesta da ficção é por isso bem mais marcante a função da personagem na literatura narrativa (épica). Há numerosos romances que se iniciam com a descrição de um ambiente ou paisagem. Como tal poderiam possivelmente constar de uma carta, um diário, uma obra histórica. É geralmente com o surgir de um ser humano que se declara o caráter fictício (ou não-fictício) do texto, por resultar daí a totalidade de uma *situação concreta* em que o acréscimo de qualquer detalhe pode revelar a elaboração imaginária. No nosso exemplo de Mário seria possível que as orações "Mário estava de pijama. Ele batia uma carta na máquina de escrever" constassem de um relato policial que prosseguisse assim: "...quando entrou o ladrão..." Se o texto, porém, prosseguir assim: "Sem dúvida ainda iria alcançá-la. Afinal, Lúcia decerto não podia partir depois-de-amanhã", sabemos que se trata de ficção. Notamos, talvez sem reconhecer as causas, que Mário não é uma pessoa e sim uma personagem. Certas palavras sem importância aparente nos colocam dentro da consciência de Mário, fazem-nos participar de sua intimidade: "sem dúvida", "afinal", "decerto", "depois-de-amanhã". Tais palavras indicam que se verificou uma espécie de identificação com Mário, de modo que o leitor é levado, sutilmente, a viver a experiência dele. Mais evidentes seriam verbos definidores de processos psíquicos, como "pensava", "duvidava", "receava", os quais, quando referidos à experiência temporalmente determinada de uma pessoa, não podem, por razões epistemológicas, surgir num escrito histórico ou psicológico. Numa obra histórica pode constar que Napoleão acreditava poder conquistar a Rússia; mas não que, *naquele momento*, cogitava desta possibilidade. Só com o surgir da personagem tornam-se possíveis orações categorialmente diversas de qualquer enunciado em situações reais ou em textos não-fictícios: "Bem cedo ela começava a enfeitar a árvore. Amanhã era Natal" (Alice Berend, *Os Noivos de Babette Bomberling*); "... and of course he was coming to her party to-night" (Virgínia Woolf, *Mrs. Dalloway*); "A revolta veio acabar daí a dias" (Lima Barreto, *Triste Fim de Policarpo Quaresma*); "Daí a pouco vieram chegando da direita muitas caleças..." (Machado de Assis *Quincas Borba*).

É altamente improvável que um historiador recorra jamais a tais orações. Advérbios de tempo (e em menor grau de lugar) como "amanhã", "hoje", "ontem", "daí a pouco", "daí a dias", "aqui", "ali", têm sentido somente a partir do ponto zero do sistema de coordenadas espácio-temporal de quem está falando ou pensando. Se surgem num escrito, são possíveis somente a partir do narrador fictício, ou do foco narrativo colocado dentro da personagem, ou onisciente, ou de algum modo identificado com ela. O "amanhã" do primeiro exemplo citado põe o foco dentro da personagem, cujo pensamento é expresso através do estilo indireto livre: no caso, os pensamentos são reproduzidos a partir da perspectiva da própria personagem, mas a manutenção da terceira pessoa e do imperfeito "finge" o relato impessoal do narrador. Seriam possíveis outros recursos: "Ela pensava: Amanhã *será* Natal"; "Ela pensava que no dia seguinte *seria* Natal"; mas nenhum como o indicado (aliás já usado na literatura latina, na literatura francesa desde o século XII e com bem mais freqüência no romance do século XIX, desde Jane Austen e Flaubert) revela o caráter categorialmente singular do discurso fictício. Em nenhuma situação real o "amanhã" poderia ser ligado ao "era"; e o historiador teria de dizer "no dia seguinte" já que não pode identificar-se com a perspectiva de uma pessoa, sob pena de transformá-la em personagem.

Embora tais formas não surjam nem na poesia lírica, nem na dramaturgia, e não necessariamente na literatura narrativa, o fenômeno como tal é extremamente revelador para todos os tipos de ficção, já que a análise deste "sintoma" da ficção indica, ao que parece, estruturas inerentes a todos os textos fictícios, mesmo nos casos em que o sintoma não se manifesta. O sintoma lingüístico evidentemente só pode surgir no gênero épico (narrativo), porque é nele que o narrador em geral finge distinguir-se das personagens, ao passo que no gênero lírico e dramático, ou está identificado com o Eu do monólogo ou, aparentemente, ausente do mundo dramático das personagens. Assim, somente no gênero narrativo podem surgir formas de discurso ambíguas, projetadas ao mesmo tempo de duas perspectivas: a da personagem e a do narrador fictício. Mas a estrutura básica do discurso fictício parece ser a mesma também nos outros gêneros.

O "sintoma" lingüístico, óbvio nos exemplos apresentados, revela, precisamente através da personagem, que o narrar épico é estruturalmente de outra ordem que o enunciar do historiador, do correspondente de um jornal ou de outros autores de enunciados reais. A diferença fundamental é que o historiador se situa, como enunciador real das orações, no ponto zero do sistema de coordenadas espácio-temporal, por exemplo, no ano

25

de 1963 (e na cidade de São Paulo), projetando a partir deste ponto zero, através do pretérito plenamente real, o mundo do passado histórico igualmente real de que ele, naturalmente, não faz parte. Ao sujeito real (empírico) dos enunciados corresponde a realidade dos objetos projetados pelos enunciados (e só neste contexto é possível falar de mentira, fraude, erro etc.). Na ficção narrativa desaparece o enunciador real. Constitui-se um narrador fictício que passa a fazer parte do mundo narrado, identificando-se por vezes (ou sempre) com uma ou outra das personagens, ou tornando-se onisciente etc. Nota-se também que o pretérito perde a sua função real (histórica) de pretérito, já que o leitor, junto com o narrador fictício, "presencia" os eventos. O pretérito é mantido com a função do "era uma vez", mero substrato fictício da narração, o qual, contudo, preserva a sua função de "posição existencial", de grande vigor individualizador, e continua "fingindo" a distância épica de quem narra coisas há muito acontecidas. A modificação do discurso indica que na ficção (e isso se refere também à poesia e dramaturgia) não há um narrador real em face de um campo de seres autônomos. Este campo existe somente graças ao ato narrativo (ou ao enunciar lírico, dramático). O narrador fictício não é sujeito real de orações, como o historiador ou o químico; desdobra-se imaginariamente e torna-se manipulador da função narrativa (dramática, lírica), como o pintor manipula o pincel e a cor; não narra *de* pessoas, eventos ou estados; narra pessoas (personagens), eventos e estados. E isso é verdade mesmo no caso de um romance histórico [8]. As pessoas (históricas), ao se tornarem ponto zero de orientação, ou ao serem focalizadas pelo narrador onisciente, passam a ser personagens; deixam de ser objetos e transformam-se em sujeitos, seres que sabem dizer "eu".

8. Kaethe Hamburger, na obra citada, estuda agudamente os vários problemas envolvidos.

"A rainha se lembrava neste momento das palavras que dissera ao rei" — tal oração não pode ocorrer no escrito de um historiador, já que este, nos seus juízos, somente pode referir-se a objetos, apreendendo-os exclusivamente de "fora", mesmo nos casos da mais sutil compreensão psicológica, baseada em documentos e inferências. Somente o "criador" de Napoleão, isto é, o romancista que o narra, em vez de narrar dele, lhe conhece a intimidade de "dentro".

A personagem nos vários gêneros literários e no espetáculo teatral e cinematográfico.

Em termos lógicos e ontológicos, a ficção define-se nitidamente como tal, independentemente das personagens. Todavia, o critério revelador mais óbvio é o epistemológico, através da personagem, mercê da qual se patenteia — às vezes mesmo por meio de um discurso especificamente fictício — a estrutura peculiar da literatura imaginária. Razões mais intimamente "poetológicas" mostram que a personagem realmente constitui a ficção.

A descrição de uma paisagem, de um animal ou de objetos quaisquer pode resultar, talvez, em excelente "prosa de arte". Mas esta excelência resulta em ficção somente quando a paisagem ou o animal (como no poema "A pantera", de Rilke) se "animam" e se humanizam através da imaginação pessoal. No caso da poesia lírica, através da fusão do Eu, do foco lírico, com o objeto. No fundo, é isso que Lessing pretende dizer no seu *Laocoonte* ao criticar um poema descritivo por lhe faltar o que chama — segundo a terminologia do século XVIII — a "ilusão" (*Taeuschung*), ou seja, a impressão da "presença real" do objeto. Tal "ilusão" somente é possível pela colocação do leitor dentro do mundo imaginário, mercê do foco "personal" que deve animar o poema e que lhe dá o caráter fictício. No poema isto é conseguido, antes de tudo, através da força expressiva da linguagem, que transforma a mera descrição em "vivência" duma personagem que erradamente se costuma confundir com o autor empírico. Mas, enquanto a poesia, na sua forma mais pura, se atém à vivência de um "estado", o gênero narrativo (e dramático) transforma o estado em processo, em distensão temporal. Somente assim se define a personagem com nitidez, na duração de estados sucessivos. A narração — mesmo a não-fictícia —, para não se tornar em mera descrição ou em relato, exige, portanto, que não haja ausências demasiado prolongadas do elemento humano (este, naturalmente, pode ser substituído por outros seres, quando antropomorfizados) porque o homem é o único ente que não se situa somente "no" tempo, mas que "é" essencialmente tempo [9].

Se Lessing recomenda, no ensaio acima citado, a dissolução da descrição em narração porque a palavra, recurso sucessivo, não pode apreender adequadamente a simultaneidade de um objeto, ambiente ou paisagem (que a nossa visão apreende de um só relance), o que no fundo exige é a presença de personagens que atuam. Homero, em vez de descrever o traje de Agamenon, narra como o rei se veste, e em vez de descrever o seu cetro, narra-lhe a história desde o momento em que Vulcano o fez. Assim, o leitor participa dos eventos em vez de se perder numa descrição fria que nunca lhe dará a imagem da coisa.

Antes de abordar, mesmo marginalmente, a ficção dramática, convém ressaltar que verbos como "dizer", "responder" etc., desempenham na ficção em geral função semelhante aos que revelam processos psíquicos (recear, pensar, duvidar), particularmente quando

---

9. Pode-se escrever — e já se escreveram — contos sobre baratas. Mas há de se tratar, ao menos, de uma "baratinha". O diminutivo afetuoso desde logo humaniza o bicho. O mais terrível na *Metamorfose* de Kafka é a lenta "desumanização" do inseto. As fábulas e os desenhos cinematográficos baseiam-se nesta humanização. O homem, afinal, só pelo homem se interessa e só com ele pode identificar-se realmente.

acompanham uma fala em voz direta, referida a momentos temporais determinados (determinados no tempo irreal da ficção). Tais verbos indicam em geral a presença do foco narrativo no campo fictício. Ademais, as personagens, ao falarem, revelam-se de um modo bem mais completo do que as pessoas reais, mesmo quando mentem ou procuram disfarçar a sua opinião verdadeira. O próprio disfarce costuma patentear o seu cunho de disfarce. Esta "franqueza" quase total da fala e essa transparência do próprio disfarce (pense-se no aparte teatral) são índices evidentes da onisciência ficcional.

A função narrativa, que no *texto* dramático se mantém humildemente nas rubricas (é nelas que se localiza o foco), extingue-se totalmente no palco, o qual, com os atores e cenários, intervém para assumi-la. Desaparece o sujeito fictício dos enunciados — pelo menos na aparência —, visto as próprias personagens se manifestarem diretamente através do diálogo, de modo que mesmo o mais ocasional "disse ele", "respondeu ela" do narrador se torna supérfluo. Agora, porém, estamos no domínio de uma outra arte. Não são mais as palavras que constituem as personagens e seu ambiente. São as personagens (e o mundo fictício da cena) que "absorveram" as palavras do texto e passam a constituí-las, tornando-se a fonte delas — exatamente como ocorre na realidade. Contudo, o mundo mediado no palco pelos atores e cenários é de objectualidades puramente intencionais. Estas não têm referência exata a qualquer realidade determinada e adquirem tamanha densidade que encobrem por inteiro a realidade histórica a que, possivelmente, dizem respeito. A ficção ou *mimesis* reveste-se de tal força que se substitui ou superpõe à realidade. É talvez devido à velha teoria da "ilusão" da realidade supostamente criada pela cena, devido, portanto, ao altíssimo vigor da ficção cênica, que *não* se atribui ao teatro o qualificativo de ficção.

Contudo, o diálogo tem na dramaturgia a mesma função do "amanhã era Natal". Compõe-se, para o público, de quase-juízos, embora os atores se comportem como se se tratasse de juízos, já que as personagens levam os enunciados a sério. Embora seja apresentado ao público em forma semelhante às condições reais, o diálogo é concebido *de dentro* das personagens, tornando-as transparentes em alto grau. É verdade que, no teatro moderno, esta convenção da franqueza dialógica ficou abalada ao ponto de se tornar temática (Tchecov, Pirandello, Th. Wilder, Ionesco, Beckett etc.). Temos aqui uma das razões para a mobilização de recursos "épicos", narrativos. Quando Brecht pede ao ator que *não* se identifique com a personagem, para poder criticá-la, põe um foco narrativo fora dela, representado pelo ator que assume o papel de narrador fictício. Isso indica claramente que a identificação do ator com a personagem significa que o foco se encontra dentro dela: a aparente ausência do narrador fictício, no palco clássico, explica-se pelo simples fato de que ele se solidarizou ou identificou totalmente com uma ou várias personagens, de tal modo que já não pode ser discernido como foco distinto. É por isso também que o palco clássico depende inteiramente do ator-personagem, porque não pode haver foco fora dele. O próprio cenário permanece papelão pintado até surgir o "foco fictício" da personagem que, de imediato, projeta em torno de si o espaço e tempo irreais e transforma, como por um golpe de magia, o papelão em paisagem, templo ou salão.

No que se refere ao cinema, deve ser concebido como de caráter épico-dramático; ao que parece, mais épico do que dramático. É verdade que o mundo das objectualidades puramente intencionais se apresenta neste caso, à semelhança do teatro, através de imagens, como espetáculo "percebido" (espetáculo visto e ouvido; na verdade quase-visto e quase-ouvido; pois o mundo imaginário não é exatamente objeto de percepção). Mas a câmara, através de seu movimento, exerce no cinema uma função nitidamente narrativa, inexistente no teatro. Focaliza, comenta, recorta, aproxima, expõe, descreve. O *close up*, o *travelling*, o "panoramizar" são recursos tipicamente narrativos.

Em todas as artes literárias e nas que exprimem, narram ou representam um estado ou estória, a personagem realmente "constitui" a ficção. Contudo, no teatro a personagem não só constitui a ficção mas "funda", onticamente, o próprio espetáculo (através do ator). É que o teatro é integralmente ficção, ao passo que o cinema e a literatura podem servir, através das imagens e palavras, a outros fins (documento, ciência, jornal). Isso é possível porque no cinema e na literatura são as imagens e as palavras que "fundam" as objectualidades puramente intencionais, não as personagens. É precisamente por isso que no próprio cinema e literatura ficcionais as personagens, embora realmente constituam a ficção, e a evidenciem de forma marcante, podem ser dispensadas por certo tempo, o que não é possível no teatro. O palco não pode permanecer "vazio".

Estes momentos realçam o cunho narrativo do cinema. A imagem (como a palavra) tem a possibilidade de descrever e animar ambientes, paisagens, objetos. Estes — sem personagem — podem mesmo representar fatores de grande importância. A fita e o romance podem fazer "viver" uma cidade como tal. Ademais, no teatro uma só personagem presente no palco não pode manter-se calada; tem de proferir um monólogo. Uma personagem muda não pode permanecer sozinha no palco. Já no cinema ou romance, a personagem pode permanecer calada durante bastante tempo, porque as

31

palavras ou imagens do narrador ou da câmara narradora se encarregam de comunicar-nos os seus pensamentos, ou, simplesmente, os seus afazeres, o seu passeio solitário etc. No teatro, o homem é centro do universo. O uso de recursos épicos — o coro, o palco simultâneo etc., são recursos épicos — indica que o homem não se concebe em posição tão exclusiva.

A pessoa e a personagem

A diferença profunda entre a realidade e as objectualidades puramente intencionais — imaginárias ou não, de um escrito, quadro, foto, apresentação teatral etc. — reside no fato de que as últimas nunca alcançam a determinação completa da primeira. As pessoas reais, assim como todos os objetos reais, são totalmente determinados, apresentando-se como unidades concretas, integradas de uma infinidade de predicados, dos quais somente alguns podem ser "colhidos" e "retirados" por meio de operações cognoscitivas especiais. Tais operações são sempre finitas, não podendo por isso nunca esgotar a multiplicidade infinita das determinações do ser real, individual, que é "inefável". Isso se refere naturalmente em particular a seres humanos, seres psicofísicos, seres espirituais, que se desenvolvem e atuam. A nossa visão da realidade em geral, e em particular dos seres humanos individuais, é extremamente fragmentária e limitada.

De certa forma, as orações de um texto projetam um mundo bem mais fragmentário do que a nossa visão já fragmentária da realidade. Uma expressão nominal como "mesa" projeta o objeto na sua unidade concreta, mas isso apenas *formaliter*, como esquema que contém apenas potencialmente uma infinidade de determinações. Através das funções significativas da oração posso atribuir (ou "retirar") a essa unidade uma ou outra determinação (a mesa é azul, alta, redonda, bem lustrada); mas por mais que a descreva ou lance mão de aspectos especialmente preparados, capazes de suscitar o preenchimento imaginário do leitor ("a mesa era um daqueles móveis tradicionais em tôrno do qual, antes do surgir da televisão, a família costumava reunir-se para o jantar"), — as objectualidades puramente intencionais constituídas por orações sempre apresentarão vastas regiões indeterminadas, porque o número das orações é finito. Assim, a personagem de um romance (e ainda mais de um poema ou de uma peça teatral) é sempre uma configuração esquemática, tanto no sentido físico como psíquico, embora *formaliter* seja projetada como um indivíduo "real", totalmente determinado.

Este fato das zonas indeterminadas do texto possibilita até certo ponto a "vida" da obra literária, a variedade das concretizações, assim como a função do diretor de teatro, chamado a preencher as múltiplas indeterminações de um texto dramático. Isso, porém, se deve à variedade dos leitores, através dos tempos, não à variabilidade da obra, cujas personagens não têm a mutabilidade e a infinitude das determinações de seres humanos reais. As concretizações podem variar, mas a obra como tal não muda.

Comparada ao texto, a personagem cênica tem a grande vantagem de mostrar os aspectos esquematizados pelas orações em plena concreção e, nas fases projetadas pelo discurso literário descontínuo, em plena continuidade. Isso comunica à representação a sua força de "presença existencial". A existência se dá sòmente à "percepção" (o fato de que o mundo imaginário também neste caso não é propriamente "percebido" é quase negligenciável). Isso naturalmente não quer dizer que a representação não tenha zonas indeterminadas, características de tôdas as objectualidades puramente intencionais. Os atores, estes sim, são reais

33

e totalmente determinados, mas não os seres imaginários de que apresentam apenas alguns aspectos visuais e auditivos e, através deles, aspectos psíquicos e espirituais. O fato é que a peça e sua representação mostram em geral muito menos aspectos das personagens do que os romances, mas estes poucos aspectos aparecem de modo "sensível" e contínuo, dando às personagens teatrais um poder extraordinário. Este poder não é diminuído pelo fato de no teatro clássico (por exemplo, Racine) as personagens terem o caráter quase de silhuetas, porque se confrontam com poucas personagens, aparecem em poucas situações e se "esgotam" quase totalmente nos aspectos proporcionados pela ação específica da peça, de modo que seria difícil imaginá-las fora do contexto desta ação peculiar. Já nas peças de cunho mais "aberto" e épico — pense-se em diversas obras de Shakespeare — as figuras adquirem maior "plasticidade", podendo ser imaginadas "fora da peça". Tais diferenças, porém, não implicam um juízo de valor. Trata-se de outros estilos.

O curioso é que o leitor ou espectador não nota as zonas indeterminadas (que também no filme são múltiplas). Antes de tudo porque se atém ao que é positivamente dado e que, precisamente por isso, encobre as zonas indeterminadas; depois, porque tende a atualizar certos esquemas preparados; finalmente, porque costuma "ultrapassar" o que é dado no texto, embora geralmente guiado por ele.

De qualquer modo, o que resulta é que precisamente a limitação da obra ficcional é a sua maior conquista. Precisamente porque o número das orações é necessariamente limitado (enquanto as zonas indeterminadas passam quase despercebidas), as personagens adquirem um cunho definido e definitivo que a observação das pessoas reais, e mesmo o convívio com elas, dificilmente nos pode proporcionar a tal ponto. Precisamente porque se trata de orações e não de realidades, o autor pode realçar aspectos essenciais pela seleção dos aspectos que apresenta, dando às personagens um caráter mais nítido do que a observação da realidade costuma sugerir, levando-as, ademais, através de situações mais decisivas e significativas do que costuma ocorrer na vida. Precisamente pela limitação das orações, as personagens têm maior coerência do que as pessoas reais (e mesmo quando incoerentes mostram pelo menos nisso coerência); maior exemplaridade (mesmo quando banais; pense-se na banalidade exemplar de certas personagens de Tchecov ou Ionesco); maior significação; e, paradoxalmente, também maior riqueza — não por serem mais ricas do que as pessoas reais, e sim em virtude da concentração, seleção, densidade e estilização do contexto imaginário, que reúne os fios dispersos e esfarrapados da realidade num padrão firme e consistente. Antes de tudo, porém, a ficção é o único lugar — em termos epistemológicos — em que os seres humanos se tornam transparentes à nossa visão, por se tratar de seres puramente intencionais sem referência a seres autônomos; de seres totalmente projetados por orações. E isso a tal ponto que os grandes autores, levando a ficção ficticiamente às suas últimas conseqüências, refazem o mistério do ser humano, através da apresentação de aspectos que produzem certa opalização e iridescência, e reconstituem, em certa medida, a opacidade da pessoa real. É precisamente o modo pelo qual o autor dirige o nosso "olhar", através de aspectos selecionados de certas situações, da aparência física e do comportamento — sintomáticos de certos estados ou processos psíquicos — ou diretamente através de aspectos da intimidade das personagens — tudo isso de tal modo que também as zonas indeterminadas começam a "funcionar" — é precisamente através de todos esses e outros recursos que o autor torna a personagem até certo ponto de novo inesgotável e insondável.

A valorização estética

A exposição do problema da ficção foi numerosas vezes ultrapassada por descrições que de fato já introduziam certas valorizações estéticas. Quando, por exemplo, foi afirmado que os *grandes* autores tendem a refazer o mistério humano, o campo da lógica ficcional, assim como os aspectos puramente epistemológicos e ontológicos, foram abandonados em favor de considerações estéticas; a mesma falta de rigor se verificou na abordagem da "vibração verbal" da poesia, do problema da "verdade" ficcional (que no fundo é de ordem estética) e da questão dos aspectos esquemáticos especialmente preparados para suscitar preenchimentos determinados do leitor. A preparação de tais aspectos depende em alto grau da escolha da palavra justa, insubstituível, da sonoridade específica dos fonemas, das conotações das palavras, da carga das suas zonas semânticas marginais, do jogo metafórico, do estilo — ou seja, da organização dos contextos de unidades significativas — e de muitos outros elementos de caráter estético. Estes momentos inerentes às camadas "exteriores" da obra literária estão, naturalmente, relacionados com a necessidade de concretizar e enriquecer a camada das objectualidades puramente intencionais, e de dar a este plano imaginário certa transparência ou "iridescência" em direção a significados mais profundos, em que se revela o "sentido", a "idéia" da obra. No processo da criação, estes planos mais profundos certamente condicionaram, de modo consciente ou inconsciente, o rigor seletivo aplicado às camadas mais externas (embora num poema todo o processo criativo possa iniciar-se a partir de uma seqüência rítmica de palavras).

A dificuldade de abordar o fenômeno da ficção sem recorrer a valorizações estéticas indica que este problema e o do nível estético não mantêm relações de indiferença. Sem dúvida, há ficção de baixo nível estético, de grande pobreza imaginativa (clichês), com personagens sem vida e situações sem significado profundo, tudo isso relacionado com a inexpressividade completa dos contextos verbais (que por vezes, contudo, são afetados e pretensiosos, sem economia e sem função no todo, sem que à sua exagerada riqueza corresponda qualquer coisa na camada imaginária e nos planos mais profundos). Todavia, a criação de um vigoroso mundo imaginário, de personagens "vivas" e situações "verdadeiras", já em si de alto valor estético, exige em geral a mobilização de todos os recursos da língua, assim como de muitos outros elementos da composição literária, tanto no plano horizontal da organização das partes sucessivas, como no vertical das camadas; enfim, de todos os meios que tendem a constituir a obra-de-*arte* literária. De outro lado, a mobilização plena desses recursos dará à obra, mesmo a despeito da intenção possivelmente científica ou filosófica, um caráter senão imaginário, ao menos "imaginativo", que a aproximará até certo ponto da ficção. Exemplos característicos seriam os diálogos de Platão (que, em parte, podem ser lidos como comédias), certos escritos de Kierkegaard, Pascal, Nietzsche, a obra de Schopenhauer (cuja vontade metafísica se torna quase personagem de uma epopéia) etc. Deve-se admitir, na delimitação do que seja literatura no sentido restrito, amplas zonas de transição em que se situariam obras de grande poder e precisão verbais, na medida em que se ligam à agudeza da observação, perspicácia psicológica e riqueza de idéias.

Na descrição da estrutura da obra literária em sentido lato (pp. 2-3) verificou-se que, em essência, se trata da associação de camadas mais sensíveis (das quais a única realmente dada, a dos sinais tipográficos, foi posta de lado) e de planos mais profundos projetados por aquelas. Esta estrutura é fundamentalmente a de todas as objetivações espirituais (todos os produtos humanos) e, em especial, de todas as obras de arte. Em todas as objetivações espirituais associam-se a uma camada "material", sensível, real, uma ou várias camadas irreais, não apreendidas diretamente pelos sentidos, mas mediadas pelos exteriores.

Entretanto, graças ao material em jogo no caso de uma sinfonia, de um quadro ou de uma apresentação teatral, evidencia-se a sua intenção estética, mesmo que não se tenha cristalizado em relevante obra de arte. No caso da literatura, bem ao contrário, o material em jogo — a língua — tanto pode servir para fins teóricos ou práticos como para fins estéticos. É a isso que Hegel se refere quando chama "a literatura (as belas letras) aquela arte peculiar em que a arte... começa a dissolver-se... passando a ser ponto de transição para a prosa do pensamento científico". Principalmente neste campo, portanto, surge o problema de diferenciar entre "prosa comum" e arte.

A diferença entre um documento literário qualquer e a obra-de-arte literária reside, antes de tudo, no valor diverso da camada quase-sensível das palavras (sensível quando o texto é lido a viva voz). Este plano quase-sensível das palavras e de seus contextos maiores tem na literatura em sentido lato função puramente instrumental: a de projetar, como vimos, objectualidades puramente intencionais que, por sua vez, sem serem notadas como tais, se referem aos objetos visados. O que importa são os significados que se identificam com os objetos visados, não os significantes. Estes últimos — as palavras — se omitem por completo (da mesma forma que as objectualidades puramente intencionais); podem ser substituídos por quaisquer outros que constituam os mesmos significados. A relação entre a camada quase-sensível e a camada "espiritual" é, portanto, inteiramente convencional. A intenção do leitor passa diretamente ao "sentido" e aos objetos visados. Na obra-de-arte literária, esta relação deixa de ser convencional, apresenta necessidade e grande firmeza e consistência. Em casos extremos (particularmente na poesia), a mais ligeira modificação da camada exterior (e na poesia concretista, mesmo da distribuição dos sinais tipográficos) destrói o sentido de toda a obra, devido ao valor expressivo das palavras, agora usadas como se fossem relações de cores ou sons na pintura ou música. A camada verbal adquire, pois, valor próprio e passa a fazer parte integral da obra. Isso vale particularmente para contextos maiores, que passam a constituir o ritmo, o estilo, o jogo das repetições e associações e que se tornam momentos inseparáveis do todo, de modo que a modificação da estrutura das orações e da maneira como se organizam os significados afeta profundamente o sentido total da obra (imagine-se uma edição de Proust com as orações "simplificadas"!), ao passo que num texto científico ou filosófico as mesmas teses podem ser mediadas por contextos diversos de orações (isso não se refere a filósofos como Heidegger; mas neste caso a "prosa comum" do pensamento científico é abandonada em favor de especulações teosóficas que requerem o uso da "arquipalavra adâmica"). É isso que Lessing tem em mente quando chama o poema um "discurso totalmente sensível", ou quando Hegel, num sentido mais geral, define a beleza como "o aparecer (luzir) sensível da idéia". O significado disso é que os planos de fundo (os mais espirituais) se ligam na obra de arte (literária ou não) de um modo indissolúvel ao seu modo de aparecer, concreto, individual, singular. É a isso que Croce chama de "intuição".

O sentimento do valor estético, o prazer específico em que se anuncia a presença do valor estético, refere-se precisamente à *totalidade* da obra literária ou, mais de perto, ao modo de aparecer sensível (quase-sensível) dos objetos mediados. As camadas exteriores impõem a sua presença em virtude da organização e vibração peculiares de seus elementos. O raio de intenção, ao atravessar estas camadas exteriores, "conota-as", assimila-as no mesmo ato de apreensão das camadas mais profundas. Isso, em parte, se verifica também em virtude de uma atitude diversa em face de escritos de valor estético.

Na vida cotidiana ou na leitura de textos não-estéticos, a nossa intenção geralmente atravessa a superfície sensível devido à imposição de valores práticos, vitais, teóricos etc. O raio da intenção, sem deter-se nas "exterioridades" sensíveis, dirige-se diretamente ao que "interessa", por exemplo, às atitudes e palavras, à amabilidade, cólera, disposição geral do interlocutor (a não ser que se trate de pessoa de grande encanto físico, dificilmente nos lembramos de seus traços e jogo fisionômico) ou à topografia de um bosque (quando o observador é um engenheiro de estradas de ferro) ou ao valor útil das árvores (quando se trata de um negociante de madeiras) ou à teoria dos genes (exposta num tratado de genética). A experiência estética, bem ao contrário, é "desinteressada", isto é, o objeto já não é meio para outros fins, nada nos interessa senão o próprio objeto como tal que, em certa medida, se emancipa do tecido de relações vitais que costumam solicitar a nossa vontade. É o fenômeno da "moldura" que, nas várias artes de modo diverso, isola o objeto estético, como área lúdica, de situações reais (às quais, contudo, pode referir-se indiretamente). Esta atitude "desinteressada" já condicionou a elaboração do objeto e a configuração altamente seletiva das camadas exteriores. A experiência do apreciador adequado, atendendo às virtualidades específicas do objeto, se caracterizará por uma espécie de repouso na totalidade dele. Ele não se aterá apenas à "idéia" expressa, nem somente à configuração sensível "em que" ela aparece, mas ao "aparecer" como tal, ao modo como aparece; ao todo, portanto. No primeiro caso, um ateísta seria incapaz de apreciar Dante ou um antimarxista, Brecht. No segundo caso, tratar-se-á provavelmente de um crítico que só examina fenômenos "técnicos", sem referi-los ao todo. Nem aqueles, nem este apreenderão o objeto com aquela peculiar emoção valorizadora do prazer estético, que se liga a atos de apreensão referidos ao objeto total.

Este tipo de apreciação, facilitado pelo isolamento em face de situações vitais, permite uma experiência intensa, quase arcaica, das objectualidades mediadas (particularmente quando se trata de objectualidades imaginárias), que se apresentam com grande concreção, graças aos aspectos especialmente preparados e à forte co-apreensão dos momentos mais sensíveis. A apreensão do mundo fictício é acompanhada de intensas tonalidades emocionais, tudo se carrega de *mood,* atmosfera, disposições anímicas. Em obras de intenção filosófica ou científica, este cunho estético pode representar fator de perturbação, já que desvia o raio de intenção da passagem reta aos objetos visados. Contudo, mesmo na obra fictícia, este retrocesso a tipos mais puros e intensos de "percepção" e emocionalidade não é realmente uma volta a fases mais primitivas — não provoca tiros contra o palco ou a tela. As próprias lágrimas têm, por assim dizer, menos teor salino. Ao forte envolvimento emocional liga-se, no apreciador adequado, a consciência do contexto lúdico, da "moldura". Mantém-se intata a distância contemplativa. O prazer estético no modo de aparecer do mundo mediado integra e suspende em si a participação nas dores e mágoas do herói. Este prazer é possível somente porque o apreciador "sabe" encontrar-se em face de quase-juízos, em face de objectualidades puramente intencionais, sem referência direta a objetos também intencionais.

A obra-de-arte literária ficcional

Os momentos descritos são de importância na valorização estética da obra literária fictícia. Na ficção em geral, também na de cunho trivial, o raio de intenção se dirige à camada imaginária, sem passar diretamente às realidades empíricas possivelmente representadas. Detém-se, por assim dizer, neste plano de personagens, situações ou estados (líricos), fazendo viver o leitor, imaginariamente, os destinos e aventuras dos heróis. Boa parte dos leitores, porém, põe o mundo imaginário quase imediatamente em referência com a realidade exterior à obra, já que as objectualidades puramente intencionais, embora tendam a prender a intenção, são tomadas na sua função mimética, como reflexo do mundo empírico. Isto é, em muitos casos, perfeitamente legítimo; mas esta apreciação, quando muito unilateral, tende a deformar e empobrecer a apreensão da totalidade literária, assim como o pleno prazer estético no modo de aparecer do que aparece.

Na medida em que se acentua o valor estético da obra ficcional, o mundo imaginário se enriquece e aprofunda, prendendo o raio de intenção dentro da obra e tornando-se, por sua vez, transparente a planos mais profundos, imanentes à própria obra. Só agora a obra manifesta todas as virtualidades de "revelação" — revelação que não se deve confundir com qualquer ato cognoscitivo explícito, já que é em plena "imediatez" concreta que o mediado se revela, na individualidade quase-sensível das camadas exteriores e na singularidade das personagens e situações. Neste sentido, a *cogitatio* pode de certa forma ser contida na apreensão estética, mas ela é ultrapassada por uma espécie de *visio,* ou visão intuitiva, que é ao mesmo tempo superior e inferior ao conhecimento científico preciso. Tampouco deve-se comparar o prazer desta revelação ao prazer do conhecimento. O prazer estético integra e suspende a distância da contemplação, o intenso envolvimento emocional e a revelação profunda; pode manifestar-se mesmo nos casos em que o conteúdo desta revelação se opõe a todas as nossas concepções (bem tarde T. S. Eliot reconheceu isso com referência a Goethe e Shakespeare, visceralmente contrários à sua concepção do mundo).

Seria tautológico dizer que essa riqueza e profundidade da camada imaginária e dos planos por ela revelados pressupõem uma imaginação que o autor de romances triviais não possui, assim como capacidades especiais de observação, intuição psicológica etc. Tudo isso, porém, adquire relevância estética somente na medida em que o autor consegue projetar este mundo imaginário à base de orações, isto é, mercê da precisão da palavra, do ritmo e do estilo, dos aspectos esquemáticos especialmente preparados, sobretudo no que se refere ao comportamento e à vida íntima das personagens; aspectos estes cujo preparo, por sua vez, se relaciona intimamente à composição estilística e à camada sonora dos fonemas.

Na medida em que a obra ficcional é também uma grande obra-de-arte, estas camadas exteriores são "co-percebidas" com muito mais força do que ocorre em geral. Se, na obra científica, a intenção atravessa estas e a camada objectual, sem notá-las, para incidir sobre os objetos exteriores à obra (que, como tal, quase não é notada, já que ela é apenas meio) e na obra de ficção em geral há certo repouso na camada objectual, na obra-de-arte ficcional há, além disso, ainda certo repouso nas camadas exteriores; há como que um fraccionamento do raio (sem que isso afete a unidade do ato de apreensão), em virtude do fascínio verbal e estilístico. Falando metaforicamente, o raio adquire certo *effet* e, graças a isso, maior capacidade de penetração nas camadas mais profundas da obra.

Na cena do sonho do herói de *A Morte em Veneza* (Thomas Mann), o acúmulo de certos ditongos faz-nos ouvir as flautas e o ulular do séquito dionisíaco; as orações assindéticas, as aliterações, o ritmo acelerado, os aspectos táteis e olfativos apresentados — que sugerem um mundo "pânico" e primitivo — reforçam a impressão do êxtase e da presença embriagadora do "Deus estranho", assim como a sugestão de todo um plano de fundo arcaico, de evocações míticas, já antes suscitadas por trechos de prosa que tomam, quase imperceptivelmente, o compasso dactílico do hexâmetro. O enredo — a camada imaginária — trata do amor de um escritor envelhecido por um formoso rapaz. As camadas exteriores retiram a este tema algo do seu aspecto melindroso por cercá-lo de atmosfera grega, colocando-o, de certo modo, numa constelação mais universal e numa grande tradição. É o estilo, através das sugestões arcaicas por ele mediadas, que nos leva a intuir os planos mais profundos, o significado das objectualidades puramente intencionais: o perigo de retrocesso arcaico que ameaça o homem, particularmente o artista fascinado pela beleza, pelo puro "aparecer", independentemente do que aparece; o perigo, portanto, da existência "estética". Há nisso uma paráfrase levemente irônica da expulsão dos artistas do Estado platônico — ironia que se anuncia na grecização do estilo, no uso de palavras homéricas (também Homero deveria ser expulso do Estado platônico).

Seria fácil prosseguir na interpretação da novela, através da análise da organização polifônica das camadas; todavia, em determinado ponto a interpretação deve deter-se. A grande obra de arte é inesgotável em termos conceituais; estes só podem aproximar-se dos significados mais profundos. O essencial revela-se, em toda a sua força imediata, somente à própria experiência estética.

O Papel da Personagem

Se reunirmos os vários momentos expostos, verificaremos que a grande obra de arte literária (ficcional) é o lugar em que nos defrontamos com seres humanos de contornos definidos e definitivos, em ampla medida transparentes, vivendo situações exemplares de um modo exemplar (exemplar também no sentido negativo). Como seres humanos encontram-se integrados num denso tecido de valores de ordem cognoscitiva, religiosa, moral, político-social e tomam determinadas atitudes em face desses valores. Muitas vezes debatem-se com a necessidade de decidir-se em face da colisão de valores, passam por terríveis conflitos e enfrentam situações-limite em que se revelam aspectos essenciais da vida humana: aspectos trágicos, sublimes, demoníacos, grotescos ou luminosos. Estes aspectos profundos, muitas vezes de ordem metafísica, incomunicáveis em toda a sua plenitude através do conceito, revelam-se, como num momento de iluminação, na plena concreção do ser humano individual. São momentos supremos, à sua maneira perfeitos, que a vida empírica, no seu fluir cinzento e cotidiano, geralmente não apresenta de um modo tão nítido e coerente, nem de forma tão transparente e seletiva que possamos perceber as motivações mais íntimas, os conflitos e crises mais recônditos na sua concatenação e no seu desenvolvimento.

O próprio cotidiano, quando se torna tema da ficção, adquire outra relevância e condensa-se na situação-limite do tédio, da angústia e da náusea.

Todavia, o que mais importa é que não só contemplamos estes destinos e conflitos à distância. Graças à seleção dos aspectos esquemáticos preparados e ao "potencial" das zonas indeterminadas, as personagens atingem a uma validade universal que em nada diminui a sua concreção individual; e mercê desse fato liga-se, na experiência estética, à contemplação, a intensa participação emocional. Assim, o leitor *contempla* e ao mesmo tempo *vive* as possibilidades humanas que a sua vida pessoal dificilmente lhe permite viver e contemplar, visto o desenvolvimento individual se caracterizar pela crescente redução de possibilidades. De resto, quem realmente vivesse esses momentos extremos, não poderia contemplá-los por estar demasiado envolvido neles. E se os contemplasse à distância (no círculo dos conhecidos) ou através da conceituação abstrata de uma obra filosófica, não os viveria. É precisamente a ficção que possibilita viver e contemplar tais possibilidades, graças ao modo de ser irreal de suas camadas profundas, graças aos quase-juízos que fingem referir-se a realidades sem realmente se referirem a sêres reais; e graças ao modo de aparecer concreto e quase-sensível dêste mundo imaginário nas camadas exteriores.

É importante observar que não poderá apreender esteticamente a totalidade e plenitude de uma obra de arte ficcional, quem não for capaz de sentir vivamente todas as nuanças dos valores não-estéticos — religiosos, morais, político-sociais, vitais, hedonísticos etc. — que sempre estão em jogo onde se defrontam seres humanos. Todos estes valores em si não-estéticos, assim como o valor até certo ponto cognoscitivo de uma profunda interpretação do mundo e da vida humana, que "fundam" o valor estético, isso é, que são pressupostos e tornam possível o seu aparecimento, de modo algum o determinam. O fato de os valores morais representados numa tragédia serem mais elevados do que os de uma comédia não influi no valor estético desta ou daquela. O valor estético aparece "nas costas" (expressão usada por Max Scheler e Nicolai Hartmann) destes outros valores, mas o nível qualitativo dêste valor não é condicionado pela elevação dos valores morais ou religiosos em choque, nem pela interpretação específica do mundo e da vida. O valor estético suspende o peso real dos outros valores (embora os faça "aparecer" em toda a sua seriedade e força); integra-os no reino lúdico da ficção, transforma-os em parte da organização estética, assimila-os e lhes dá certo papel no todo.

A isso corresponde o fenômeno de que o prazer estético integra no seu âmbito o sofrimento e a risada, o ódio e a simpatia, a repugnância e a ternura, a aprovação e a desaprovação com que o apreciador reage ao contemplar e participar dos eventos. Tanto a nobre Antígone como o terrível Macbeth sucumbem; as emoções com que participamos de seus destinos são profundamente diversas. Mas o prazer suscitado pelo valor estético, pelo modo como aparecem estes destinos diversos, tal prazer, como que "consome" estas emoções divergentes; nutrindo-se delas, êle as assimila; e embora não renegue a variedade das emoções que contribuem para fundá-lo e que o tingem de tonalidades distintas, o prazer como tal, na sua qualidade de prazer estético e na sua intensidade, tende a convergir em ambos os casos.

Quanto ao valor cognoscitivo — que como tal não pode ser plenamente visado por quase-juízos — é substituído pela revelação e vivência de determinadas interpretações profundas da vida humana, pela contemplação e participação de certas possibilidades humanas. Todavia, a profundeza e coerência dessas interpretações não têm valor por si, como teriam numa obra filosófica, mas somente na medida em que são integradas no todo estético, tornando-se visão e vivência, enriquecendo o prazer estético. O extraordinário é que podemos, de certo modo, participar destas interpretações por mais que na vida real nos sejam contrárias, por mais que as combatamos na vida real. É evidente que há, nesta apreciação estética, limites. Ao que esta descrição visa é expor o fenômeno estético como tal na sua máxima pureza. Contudo, não existe o *Homo aestheticus*. Mesmo dentro da moldura da área lúdica não ocorre a suspensão total das responsabilidades. Normalmente, o homem é um ser incapaz de valorizar apenas estèticamente o mundo humano, mesmo quando imaginário; a literatura não é uma esfera segregada. Glorificar a arte, à maneira de Schopenhauer, como "quietivo" ou entorpecente da nossa vontade, resulta em desvirtuamento da função que a arte exerce na sociedade.

Isso, porém, não exclui, antes pressupõe que a grande obra de arte literária nos restitua uma liberdade — o imenso reino do possível — que a vida real não nos concede. A ficção é um lugar ontológico privilegiado: lugar em que o homem pode viver e contemplar, através de personagens variadas, a plenitude da sua condição, e em que se torna transparente a si mesmo; lugar em que, transformando-se imaginariamente no outro, vivendo outros papéis e destacando-se de si mesmo, verifica, realiza e vive a sua condição fundamental de ser autoconsciente e livre, capaz de desdobrar-se, distanciar-se de si mesmo e de objetivar a sua própria situação. A plenitude de enriquecimento e libertação, que desta forma a grande ficção nos pode proporcionar, torna-se acessível somente a quem sabe ater-se, antes de tudo, à apreciação estética que, enquanto suspende o peso real das outras valorizações, lhes assimila ao mesmo tempo a essência e seriedade em todos os matizes. Somente quando o apreciador se entrega com certa inocência a todas as virtualidades da grande obra de arte, esta por sua vez lhe entregará toda a riqueza encerrada no seu contexto.

Neste sentido pode-se dizer com Ernst Cassirer que afastando-se da realidade e elevando-se a um mundo simbólico o homem, ao voltar à realidade, lhe apreende melhor a riqueza e profundidade. Através da arte, disse Goethe, distanciamo-nos e ao mesmo tempo aproximamo-nos da realidade.

A PERSONAGEM DO ROMANCE

Geralmente, da leitura de um romance fica a impressão duma série de fatos, organizados em enredo, e de personagens que vivem estes fatos. É uma impressão praticamente indissolúvel: quando pensamos no enredo, pensamos simultâneamente nas personagens; quando pensamos nestas, pensamos simultaneamente na vida que vivem, nos problemas em que se enredam, na linha do seu destino — traçada conforme uma certa duração temporal, referida a determinadas condições de ambiente. O enredo existe através das personagens; as personagens vivem no enredo. Enredo e personagem exprimem, ligados, os intuitos do romance, a visão da vida que decorre dele, os significados e valores que o animam. "Nunca expor *idéias* a não ser em função dos temperamentos e dos caracteres"[1]. Tome-se a palavra "idéia" como sinônimo dos mencionados valores e significados, e ter-se-á uma expressão sintética do que foi dito. Portanto, os três elementos centrais dum desenvolvimento novelístico (o enredo e a personagem, que representam a sua matéria; as "idéias", que representam o seu significado, — e que são no conjunto elaborados pela técnica), estes três elementos só existem intimamente ligados, inseparáveis, nos romances bem realizados. No meio deles, avulta a personagem, que representa a possibilidade de adesão afetiva e intelectual do leitor, pelos mecanismos de identificações, projeção, transferência etc. A personagem vive o enredo e as idéias, e os torna vivos. Eis uma imagem feliz de Gide: "Tento enrolar os fios variados do enredo e a complexidade dos meus pensamentos em torno destas pequenas bobinas vivas que são cada uma das minhas personagens" (*ob. cit.*, p. 26).

Não espanta, portanto, que a personagem pareça o que há de mais *vivo* no romance; e que a leitura deste dependa basicamente da aceitação da *verdade* da personagem por parte do leitor. Tanto assim, que nós perdoamos os mais graves defeitos de enredo e de idéia aos grandes criadores de personagens. Isto nos leva ao erro, freqüentemente repetido em crítica, de pensar que o essencial do romance é a personagem, — como se esta pudesse existir separada das outras ralidades que encarna, que ela vive, que lhe dão vida. Feita esta ressalva, todavia, pode-se dizer que é o elemento mais atuante, mais comunicativo da arte novelística moderna, como se configurou nos séculos XVIII, XIX e começo do XX; mas que só adquire pleno significado

1. Gide, *Journal des Faux-Monnayeurs*, 6.me édition, Gallimard, Paris, 1927, p. 12.

no contexto, e que, portanto, no fim de contas a construção estrutural é o maior responsável pela força e eficácia de um romance.

A personagem é um ser fictício, — expressão que soa como paradoxo. De fato, como pode uma ficção *ser?* Como pode existir o que não existe? No entanto, a criação literária repousa sobre este paradoxo, e o problema da verossimilhança no romance depende desta possibilidade de um ser fictício, isto é, algo que, sendo uma criação da fantasia, comunica a impressão da mais lídima verdade existencial. Podemos dizer, portanto, que o romance se baseia, antes de mais nada, num certo tipo de relação entre o ser vivo e o ser fictício, manifestada através da personagem, que é a concretização deste.

Verifiquemos, inicialmente, que há afinidades e diferenças essenciais entre o ser vivo e os entes de ficção, e que as diferenças são tão importantes quanto as afinidades para criar o sentimento de verdade, que é a verossimilhança. Tentemos uma investigação sumária sobre as condições de existência essencial da personagem, como um tipo de ser, mesmo fictício, começando por descrever do modo mais empírico possível a nossa percepção do semelhante.

Quando abordamos o conhecimento direto das pessoas, um dos dados fundamentais do problema é o contraste entre a *continuidade* relativa da percepção física (em que fundamos o nosso conhecimento) e a *descontinuidade* da percepção, digamos, espiritual, que parece freqüentemente romper a unidade antes apreendida. No ser uno que a vista ou o contato nos apresenta, a convivência espiritual mostra uma variedade de modos-de-ser, de qualidades por vezes contraditórias.

A primeira idéia que nos vem, quando refletimos sobre isso, é a de que tal fato ocorre porque não somos

55

capazes de *abranger* a personalidade do outro com a mesma unidade com que somos capazes de *abranger* a sua configuração externa. E concluímos, talvez, que esta diferença é devida a uma diferença de natureza dos próprios objetos da nossa percepção. De fato, — pensamos — o primeiro tipo de conhecimento se dirige a um domínio finito, que coincide com a superfície do corpo; enquanto o segundo tipo se dirige a um domínio infinito, pois a sua natureza é oculta à exploração de qualquer sentido e não pode, em conseqüência, ser apreendida numa integridade que essencialmente não possui. Daí concluirmos que a noção a respeito de um ser, elaborada por outro ser, é sempre incompleta, em relação à percepção física inicial. E que o conhecimento dos seres é fragmentário.

Esta impressão se acentua quando investigamos os, por assim dizer, fragmentos de ser, que nos são dados por uma conversa, um ato, uma seqüência de atos, uma afirmação, uma informação. Cada um desses fragmentos, mesmo considerado um todo, uma unidade total, não é uno, nem contínuo. Ele permite um conhecimento mais ou menos adequado ao estabelecimento da nossa conduta, com base num juízo sobre o outro ser; permite, mesmo, uma noção conjunta e coerente deste ser; mas essa noção é oscilante, aproximativa, descontínua. Os seres são, por sua natureza, misteriosos, inesperados. Daí a psicologia moderna ter ampliado e investigado sistematicamente as noções de subconsciente e inconsciente, que explicariam o que há de insólito nas pessoas que reputamos conhecer, e no entanto nos surpreendem, como se uma outra pessoa entrasse nelas, invadindo inesperadamente a sua área de essência e de existência.

Esta constatação, mesmo feita de maneira não-sistemática, é fundamental em toda a literatura moderna, onde se desenvolveu antes das investigações técnicas dos psicólogos, e depois se beneficiou dos resultados destas. É claro que a noção do mistério dos seres, produzindo as condutas inesperadas, sempre esteve presente na criação de forma mais ou menos consciente, — bastando lembrar o mundo das personagens de Shakespeare. Mas só foi conscientemente desenvolvida por certos escritores do século XIX, como tentativa de sugerir e desvendar, seja o mistério psicológico dos seres, seja o mistério metafísico da própria existência. A partir de investigações metódicas em psicologia, como, por exemplo, as da psicanálise, essa investigação ganhou um aspecto mais sistemático e voluntário, sem com isso ultrapassar necessariamente as grandes intuições dos escritores que iniciaram e desenvolveram essa *visão* na literatura. Escritores como Baudelaire, Nerval, Dostoievski, Emily Bronte (aos quais se liga por alguns aspectos, isolado na segregação do seu meio cultural acanhado, o nosso Machado de Assis), que preparam o caminho para escritores como Proust, Joyce, Kafka, Pirandello, Gide. Nas obras de uns e outros, a dificuldade em descobrir a coerência e a unidade dos seres vem refletida, de maneira por vezes trágica, sob a forma de incomunicabilidade nas relações. É este talvez o nascedouro, em literatura, das noções de verdade plural (Pirandello), de absurdo (Kafka), de ato gratuito (Gide), de sucessão de modos de ser no tempo (Proust), de infinitude do mundo interior (Joyce). Concorrem para isso, de modo direto ou indireto, certas concepções filosóficas e psicológicas voltadas para o desvendamento das aparências no homem e na sociedade, revolucionando o conceito de personalidade, tomada em si e com relação ao seu meio. É o caso, entre outros, do marxismo e da psicanálise, que, em seguida à obra dos escritores mencionados, atuam na concepção de homem, e portanto de personagem, influindo na própria atividade criadora do romance, da poesia, do teatro.

Essas considerações visam a mostrar que o romance, ao abordar as personagens de modo fragmentário, nada mais faz do que retomar, no plano da técnica de caracterização, a maneira fragmentária, insatisfatória, incompleta, com que elaboramos o conhecimento dos nossos semelhantes. Todavia, há uma diferença básica entre uma posição e outra: na vida, a visão fragmentária é imanente à nossa própria experiência; é uma condição que não estabelecemos, mas a que nos submetemos. No romance, ela é criada, é estabelecida e racionalmente dirigida pelo escritor, que delimita e encerra, numa estrutura elaborada, a aventura sem fim que é, na vida, o conhecimento do outro. Daí a necessária simplificação, que pode consistir numa escolha de gestos, de frases, de objetos significativos, marcando a personagem para a identificação do leitor, sem com isso diminuir a impressão de complexidade e riqueza. Assim, em *Fogo Morto*, José Lins do Rego nos mostrará o admirável Mestre José Amaro por meio da cor amarela da pele, do olhar raivoso, da brutalidade impaciente, do martelo e da faca de trabalho, do remoer incessante do sentimento de inferioridade. Não temos mais que esses elementos essenciais. No entanto, a sua combinação, a sua repetição, a sua evocação nos mais variados contextos nos permite formar uma idéia completa, suficiente e convincente daquela forte criação fictícia.

Na vida, estabelecemos uma interpretação de cada pessoa, a fim de podermos conferir certa unidade à sua diversificação essencial, à sucessão dos seus modos-de--ser. No romance, o escritor estabelece algo mais coeso, menos variável, que é a lógica da personagem. A nossa interpretação dos seres vivos é mais fluida, variando de acordo com o tempo ou as condições da conduta. No romance, podemos variar relativamente a nossa interpretação da personagem; mas o escritor lhe deu, desde logo, uma linha de coerência fixada para sempre, delimitando a curva da sua existência e a natureza do seu modo-de-ser. Daí ser ela relativamente mais lógica, mais fixa do que nós. E isto não quer dizer que seja menos profunda; mas que a sua profundidade é um universo cujos dados estão todos à mostra, foram pré-estabelecidos pelo seu criador, que os selecionou e limitou em busca de lógica. A força das grandes personagens vem do fato de que o sentimento que temos da sua complexidade é máximo; mas isso, devido à unidade, à simplificação estrutural que o romancista lhe deu. Graças aos recursos de caracterização (isto é, os elementos que o romancista utiliza para descrever e definir a personagem, de maneira a que ela possa dar a impressão de vida, configurando-se ante o leitor), graças a tais recursos, o romancista é capaz de dar a impressão de um ser ilimitado, contraditório, infinito na sua riqueza; mas nós apreendemos, sobrevoamos essa riqueza, temos a personagem como um todo coeso ante a nossa imaginação. Portanto, a compreensão que nos vem do romance, sendo estabelecida de uma vez por todas, é muito mais precisa do que a que nos vem da existência. Daí podermos dizer que a personagem é mais lógica, embora não mais simples, do que o ser vivo.

O romance moderno procurou, justamente, aumentar cada vez mais esse sentimento de *dificuldade* do ser fictício, diminuir a idéia de esquema fixo, de ente delimitado, que decorre do trabalho de seleção do romancista. Isto é possível justamente porque o trabalho de seleção e posterior combinação permite uma decisiva margem de experiência, de maneira a criar o máximo de complexidade, de variedade, com um mínimo de traços psíquicos, de atos e de idéias. A personagem é complexa e múltipla porque o romancista pode combinar com perícia os elementos de caracterização, cujo número é sempre limitado se os compararmos com o máximo de traços humanos que pululam, a cada instante, no modo-de-ser das pessoas.

Quando se teve noção mais clara do mistério dos seres, acima referido, renunciou-se ao mesmo tempo, em psicologia literária, a uma geografia precisa dos caracteres; e vários escritores tentaram, justamente, conferir às suas personagens uma natureza *aberta*, sem limites. Mas volta sempre o conceito enunciado há pouco: essa natureza é uma estrutura limitada, obtida não pela admissão caótica dum sem-número de elementos, mas pela escolha de alguns elementos, organizados segundo uma certa lógica de composição, que cria a ilusão do ilimitado. Assim, numa pequena tela, o pintor pode comunicar o sentimento dum espaço sem barreiras.

Isso posto, podemos ir à frente e verificar que a marcha do romance moderno (do século XVIII ao começo do século XX) foi no rumo de uma complicação crescente da psicologia das personagens, dentro da inevitável simplificação técnica imposta pela necessidade de caracterização. Ao fazer isto, nada mais fez do que desenvolver e explorar uma tendência constante do romance de todos os tempos, acentuada no período mencionado, isto é, tratar as personagens de dois modos principais: 1) como seres íntegros e facilmente delimitáveis, marcados duma vez por todas com certos traços que os caracterizam; 2) como seres complicados, que não se esgotam nos traços característicos, mas têm certos poços profundos, de onde pode jorrar a cada instante o desconhecido e o mistério. Deste ponto de vista, poderíamos dizer que a revolução sofrida pelo romance no século XVIII consistiu numa passagem do enredo complicado com personagem simples, para o enredo simples (coerente, uno) com personagem complicada. O senso da complexidade da personagem, ligado ao da simplificação dos incidentes da narrativa e à unidade relativa de ação, marca o romance moderno, cujo ápice, a este respeito, foi o *Ulysses*, de James Joyce, — ao mesmo tempo sinal duma subversão do gênero.

Assim, pois, temos que houve na evolução técnica do romance um esforço para compor seres íntegros e coerentes, por meio de fragmentos de percepção e de conhecimento que servem de base à nossa interpretação das pessoas. Por isso, na técnica de caracterização definiram-se, desde logo, duas famílias de personagens, que já no século XVIII Johnson chamava "personagens de costumes" e "personagens de natureza", definindo com a primeira expressão os de Fielding, com a segunda os de Richardson: "Há uma diferença completa entre personagens de natureza e personagens de costumes, e nisto reside a diferença entre as de Fielding e as de Richardson. As personagens de costumes são muito divertidas; mas podem ser mais bem compreendidas por um observador superficial do que as de natureza, nas quais é preciso ser capaz de mergulhar nos recessos do coração humano. (...) A diferença entre eles (Richardson e Fielding) é tão grande quanto a que há entre um homem que sabe como é feito um relógio e um outro que sabe dizer as horas olhando para o mostrador" [2].

As "personagens de costumes" são, portanto, apresentadas por meio de traços distintivos, fortemente escolhidos e marcados; por meio, em suma, de tudo aquilo que os distingue vistos de fora. Estes traços são fixados de uma vez para sempre, e cada vez que a personagem surge na ação, basta invocar um deles. Como se vê, é o processo fundamental da caricatura, e de fato ele teve

---

2. Cit. por Walter Scott, ap. Miriam Allott, *Novelists on the Novel*, Routledge and Kegan Paul, London, 1960, p. 276.

61

o seu apogeu, e tem ainda a sua eficácia máxima, na caracterização de personagens cômicos, pitorescos, invariavelmente sentimentais ou acentuadamente trágicos. Personagens, em suma, dominados com exclusividade por uma característica invariável e desde logo revelada.

As "personagens de natureza" são apresentadas, além dos traços superficiais, pelo seu modo íntimo de ser, e isto impede que tenham a regularidade dos outros. Não são imediatamente identificáveis, e o autor precisa, a cada mudança do seu modo de ser, lançar mão de uma caracterização diferente, geralmente analítica, não pitoresca. Traduzindo em linguagem atual a terminologia setecentista de Johnson, pode-se dizer que o romancista "de costumes" vê o homem pelo seu comportamento em sociedade, pelo tecido das suas relações e pela visão normal que temos do próximo. Já o romancista de "natureza" o vê à luz da sua existência profunda, que não se patenteia à observação corrente, nem se explica pelo mecanismo das relações.

Em nossos dias, Forster retomou a distinção de modo sugestivo e mais amplo, falando pitorescamente em "personagens planas" (*flat characters*) e "personagens esféricas" (*round characters*).

"As personagens planas eram chamadas *temperamentos* (*humours*) no século XVII, e são por vezes chamadas tipos, por vezes caricaturas. Na sua forma mais pura, são construídas em torno de uma única idéia ou qualidade; quando há mais de um fator neles, temos o começo de uma curva em direção à esfera. A personagem realmente plana pode ser expressa numa frase, como: 'Nunca hei de deixar Mr. Micawber'. Aí está Mrs. Micawber. Ela diz que não deixará Mr. Micawber; de fato não deixa, e nisso está ela." Tais personagens "são facilmente reconhecíveis sempre que surgem"; "são, em seguida, facilmente lembradas pelo leitor. Permanecem inalteradas no espírito porque não mudam com as circunstâncias"[3].

As "personagens esféricas" não são claramente definidas por Forster, mas concluímos que as suas características se reduzem essencialmente ao fato de terem três, e não duas dimensões; de serem, portanto, organizadas com maior complexidade e, em conseqüência, capazes de nos surpreender. "A prova de uma personagem esférica é a sua capacidade de nos surpreender de maneira convincente. Se nunca surpreende, é plana. Se não convence, é plana com pretensão a esférica. Ela traz em si a imprevisibilidade da vida, — traz a vida dentro das páginas de um livro" (*Ob. cit.*, p. 75). Decorre que "as personagens planas não constituem, em si, realizações tão altas quanto as esféricas, e que rendem mais quando cômicas. Uma personagem plana séria ou trágica arrisca tornar-se aborrecida" (*Ob. cit.*, p. 70).

O mesmo Forster, no seu livrinho despretensioso e agudo, estabelece uma distinção pitoresca entre a personagem de ficção e a pessoa viva, de um modo expressivo e fácil, que traduz ràpidamente a discussão inicial deste estudo. É a comparação entre o *Homo fictus* e o *Homo sapiens*.

O *Homo fictus* é e não é equivalente ao *Homo sapiens*, pois vive segundo as mesmas linhas de ação e sensibilidade, mas numa proporção diferente e conforme avaliação também diferente. Come e dorme pouco, por exemplo; mas vive muito mais intensamente certas relações humanas, sobretudo as amorosas. Do ponto de vista do leitor, a importância está na possibilidade de ser ele conhecido muito mais cabalmente, pois enquanto só conhecemos o nosso próximo do exterior, o romancista nos leva para dentro da personagem, "porque o

---

3. E. M. Forster, *Aspects of the Novel*, Edward Arnold, London, 1949, pp. 66-67.

seu criador e narrador são a mesma pessoa" (*Ob. cit.*, p. 55).

Neste ponto tocamos numa das funções capitais da ficção, que é a de nos dar um conhecimento mais completo, mais coerente do que o conhecimento decepcionante e fragmentário que temos dos seres. Mais ainda: de poder comunicar-nos este conhecimento. De fato, dada a circunstância de ser o criador da realidade que apresenta, o romancista, como o artista em geral, domina-a, delimita-a, mostra-a de modo coerente, e nos comunica esta realidade como um tipo de conhecimento que, em conseqüência, é muito mais coeso e completo (portanto mais satisfatório) do que o conhecimento fragmentário ou a falta de conhecimento real que nos atormenta nas relações com as pessoas. Poderíamos dizer que um homem só nos é conhecido quando morre. A morte é um limite definitivo dos seus atos e pensamentos, e depois dela é possível elaborar uma *interpretação* completa, provida de mais lógica, mediante a qual a pessoa nos aparece numa unidade satisfatória, embora as mais das vezes arbitrária. É como se chegássemos ao fim de um livro e apreendêssemos, no conjunto, todos os elementos que integram um ser. Por isso, em certos casos extremos, os artistas atribuem apenas à arte a possibilidade de certeza, — certeza interior, bem entendido. É notadamente o ponto de vista de Proust, para quem as relações humanas, os mais íntimos contatos de ser, nada mostram do semelhante, enquanto a arte nos faz entrar num domínio de conhecimentos absolutos.

Estabelecidas as características da personagem fictícia, surge um problema que Forster reconhece e aborda de maneira difusa, sem formulação clara, e é o seguinte: a personagem deve dar a impressão de que vive, de que é como um ser vivo. Para tanto, deve *lembrar* um ser vivo, isto é, manter certas relações com a realidade do mundo, participando de um universo de ação e de sensibilidade que se possa equiparar ao que conhecemos na vida. Poderia então a personagem ser transplantada da realidade, para que o autor atingisse este alvo? Por outras palavras, pode-se copiar no romance um ser vivo e, assim, *aproveitar* integralmente a sua realidade? Não, em sentido absoluto. Primeiro, porque é impossível, como vimos, captar a totalidade do modo de ser duma pessoa, ou sequer conhecê-la; segundo, porque neste caso se dispensaria a criação artística; terceiro, porque, mesmo se fosse possível, uma cópia dessas não permitiria aquele conhecimento específico, diferente e mais completo, que é a razão de ser, a justificativa e o encanto da ficção.

Por isso, quando toma um modelo na realidade, o autor sempre acrescenta a ele, no plano psicológico, a sua incógnita pessoal, graças à qual procura revelar a incógnita da pessoa copiada. Noutras palavras, o autor é obrigado a construir uma explicação que não corresponde ao mistério da pessoa viva, mas que é uma interpretação deste mistério; interpretação que elabora com a sua capacidade de clarividência e com a onisciência do criador, soberanamente exercida. Voltando a Forster, registremos uma observação justa: "Se a personagem de um romance é, exatamente, como a rainha Vitória, (não parecida, mas exatamente igual), então ela é realmente a rainha Vitória, e o romance, ou todas as suas partes que se referem a esta personagem, se torna uma monografia. Ora, uma monografia é história, baseada em provas. Um romance é baseado em provas, mais ou menos *x;* a quantidade desconhecida é o temperamento do romancista, e ela modifica o efeito das provas, transformando-o, por vezes, inteiramente" (*Ob. cit.*, p. 44).

Em conseqüência, no romance o sentimento da realidade é devido a fatores diferentes da mera adesão ao real, embora este possa ser, e efetivamente é, um dos seus elementos. Para fazer um último apelo a Forster, digamos que uma personagem nos parece real quando "o romancista sabe tudo a seu respeito", ou dá esta impressão, mesmo que não o diga. É como se a personagem fosse inteiramente explicável; e isto lhe dá uma originalidade maior que a da vida, onde todo conhecimento do outro é, como vimos, fragmentário e relativo. Daí o conforto, a sensação de poder que nos dá o romance, proporcionando a experiência de "uma raça humana mais manejável e a ilusão de perspicácia e poder" (Ob. cit., p. 62). Na verdade, enquanto na existência quotidiana nós quase nunca sabemos as causas, os motivos profundos da ação dos seres, no romance estes nos são desvendados pelo romancista, cuja função básica é, justamente, estabelecer e ilustrar o jogo das causas, descendo a profundidades reveladoras do espírito.

Estas considerações (baseadas em Forster, ou dele próprio) nos levam a retomar o problema de modo mais preciso, indagando: No processo de inventar a personagem, de que maneira o autor manipula a realidade para construir a ficção? A resposta daria uma idéia da medida em que a personagem é um ente *reproduzido* ou um ente *inventado*. Os casos variam muito, e as duas alternativas nunca existem em estado de pureza. Talvez conviesse principiar pelo depoimento de um romancista de técnica tradicional, que vê o problema de maneira mais ou menos simples, e mesmo esquemática. É o caso de François Mauriac, cuja obra sobre este problema passo agora a expor em resumo [4].

Para ele, o grande arsenal do romancista é a me-

---
4. François Mauriac, *Le Romancier et ses Personnages*, Éditions Corrêa, Paris, 1952.

mória, de onde extrai os elementos da invenção, e isto confere acentuada ambigüidade às personagens, pois elas não *correspondem* a pessoas vivas, mas *nascem* delas. Cada escritor possui as suas "fixações da memória", que preponderam nos elementos transpostos da vida. Diz Mauriac que, nele, avulta a fixação do espaço; as casas dos seus livros são praticamente copiadas das que lhe são familiares. No que toca às personagens, todavia, reproduz apenas os elementos circunstanciais (maneira, profissão etc.); o essencial é sempre inventado.

Mas é justamente aí que surge o problema: de onde parte a invenção? Qual a substância de que são feitas as personagens? Seriam, por exemplo, projeção das limitações, aspirações, frustrações do romancista? Não, porque o princípio que rege o aproveitamento do real é o da *modificação*, seja por acréscimo, seja por deformação de pequenas sementes sugestivas. O romancista é incapaz de reproduzir a vida, seja na singularidade dos indivíduos, seja na coletividade dos grupos. Ele começa por isolar o indivíduo no grupo e, depois, a paixão no indivíduo. Na medida em que quiser ser igual à realidade, o romance será um fracasso; a necessidade de selecionar afasta dela e leva o romancista a criar um mundo próprio, acima e além da ilusão de fidelidade.

Neste mundo fictício, diferente, as personagens obedecem a uma lei própria. São mais nítidas, mais conscientes, têm contorno definido, — ao contrário do caos da vida — pois há nelas uma lógica préestabelecida pelo autor, que as torna paradigmas e eficazes. Todavia, segundo Mauriac, há uma relação estreita entre a personagem e o autor. Este a tira de si (seja da sua zona má, da sua zona boa) como realização de virtualidades, que não são projeção de traços, mas sempre modificação, pois o romance transfigura a vida.

O vínculo entre o autor e a sua personagem estabelece um limite à possibilidade de criar, à imaginação de cada romancista, que não é absoluta, nem absolutamente livre, mas depende dos limites do criador. A partir de tais idéias de Mauriac, poder-se-ia falar numa "lei de constância" na criação novelística, pois as personagens saem necessariamente de um universo inicial (as possibilidades do romancista, a sua natureza humana e artística), que não apenas as limita, mas dá certas características comuns a todas elas. O romancista (diz Mauriac) deve conhecer os seus limites e criar dentro deles; e isso é uma condição de angústia, impedindo certos vôos sonhados da imaginação, que nunca é livre como se supõe, como êle próprio supõe. Talvez cada escritor procure, através das suas diversas obras, criar um tipo ideal, de que apenas se aproxima e de que as suas personagens não passam de esboços.

Baseado nestas considerações, Mauriac propõe uma classificação de personagens, levando em conta o grau de afastamento em relação ao ponto de partida na realidade:

1. Disfarce leve do romancista, como ocorre ao adolescente que quer exprimir-se. "Só quando começamos a nos desprender (enquanto escritores) da nossa própria alma, é que também o romancista começa a se configurar em nós" (*Ob. cit.*, p. 97). Tais personagens ocorrem nos romancistas memorialistas.

2. Cópia fiel de pessoas reais, que não constituem propriamente criações, mas reproduções. Ocorrem estas nos romancistas retratistas.

3. *Inventadas*, a partir de um trabalho de tipo especial sôbre a realidade. É o caso dêle, Mauriac, segundo declara, pois nele a realidade é apenas um dado inicial, servindo para concretizar virtualidades imaginadas. Na sua obra (diz ele) há uma relação inversamente proporcional entre a fidelidade ao real e o grau

de elaboração. As personagens secundárias, estas são, na sua obra, *copiadas* de seres existentes.

É curioso observar que Mauriac admite a existência de personagens reproduzidas fielmente da realidade, seja mediante projeção do mundo íntimo do escritor, seja por transposição de modelos externos. No entanto, declara que a sua maneira é outra, baseada na invenção. Ora, não se estaria ele iludindo, ao admitir nos outros o que não reconhece na sua obra? E não seria a terceira a única verdadeira modalidade de criar personagens válidas? Neste caso, deveríamos reconhecer que, de maneira geral, só há um tipo eficaz de personagem, a *inventada*; mas que esta invenção mantém vínculos necessários com uma realidade matriz, seja a realidade individual do romancista, seja a do mundo que o cerca; e que a realidade básica pode aparecer mais ou menos elaborada, transformada, modificada, segundo a concepção do escritor, a sua tendência estética, as suas possibilidades criadoras. Além disso, convém notar que por vezes é ilusória a declaração de um criador a respeito da sua própria criação. Ele pode pensar que copiou quando inventou; que exprimiu a si mesmo, quando se deformou; ou que se deformou, quando se confessou. Uma das grandes fontes para o estudo da gênese das personagens são as declarações do romancista; no entanto, é preciso considerá-las com precauções devidas a essas circunstâncias.

O nosso ponto de partida foi o conceito de que a personagem é um *ser* fictício; logo, quando se fala em *cópia* do real, não se deve ter em mente uma personagem que fosse igual a um ser vivo, o que seria a negação do romance. Daqui a pouco, veremos como se resolve o problema aparentemente paradoxal da personagem-ser-fictício, mesmo quando copiada do real. No momento, assinalemos que, tomando o desejo de ser fiel ao real como um dos elementos básicos na criação da personagem, podemos admitir que esta oscila entre dois pólos ideais: ou é uma transposição fiel de modelos, ou é uma invenção totalmente imaginária. São estes os dois limites da criação novelística, e a sua combinação variável é que define cada romancista, assim como, na obra de cada romancista, cada uma das personagens. Há personagens que exprimem modos de ser, e mesmo a aparência física de uma pessoa existente (o romancista ou qualquer outra, dada pela observação, a memória). Só poderemos decidir a respeito quando houver indicação fora do próprio romance, — seja por informação do autor, seja por evidência documentária. Quando elas não existem, o problema se torna de solução difícil, e o máximo a que podemos aspirar é o estudo da tendência geral do escritor a êste respeito. Assim, diremos que a obra de Émile Zola, por exemplo, parece baseada em observações da vida real, mesmo porque isto é preconizado pela estética naturalista que ele adotava; ou que os romances indianistas de José de Alencar parecem baseados no trabalho livre da fantasia, a partir de dados genéricos, o que se coaduna com a sua orientação romântica. Além daí, pouco avançaremos sem o material informativo mencionado acima. E é justamente esta circunstância que nos leva a constatar que o problema (que estamos debatendo) da origem das personagens é interessante para o estudo da técnica de caracterização, e para o estudo da relação entre criação e realidade, isto é, para a própria natureza da ficção; mas é secundário para a solução do problema fundamental da crítica, ou seja, a interpretação e a análise valorativa de cada romance concreto.

Feitas essas ressalvas, tomemos alguns casos de romancistas que deixaram elementos para se avaliar o mecanismo de criação de personagens, pois a partir deles podemos supor como se dá o fenômeno em geral.

Veremos uma gama bastante extensa de invenção, sempre balizada pelos dois tipos polares acima referidos, e que podemos esquematizar, entre outros, do seguinte modo:

1. Personagens transpostas com relativa fidelidade de modelos dados ao romancista por experiência direta, — seja interior, seja exterior. O caso da experiência interior é o da personagem *projetada*, em que o escritor incorpora a sua vivência, os seus sentimentos, como ocorre no *Adolfo*, de Benjamin Constant, ou do *Menino de Engenho*, de José Lins do Rego, para citar dois exemplos de natureza tão diversa quanto possível. O caso da experiência exterior é o da transposição de pessoas com as quais o romancista teve contato direto, como Tolstoi, em *Guerra e Paz*, retratando seu pai e sua mãe, quando moços, respectivamente em Nicolau Rostof e Maria Bolkonski.

2. Personagens transpostas de modelos anteriores, que o escritor reconstitui indiretamente, — por documentação ou testemunho, sobre os quais a imaginação trabalha. Para ficar no romance citado de Tolstoi, é o caso de Napoleão I, que estudou nos livros de história; ou de seus avós, que reconstruiu a partir da tradição familiar, e são no livro o velho Conde Rostof e o velho Príncipe Bolkonski. A coisa pode ir muito longe, como se vê na extensa gama da ficção histórica, na qual Walter Scott pôde, por exemplo, levantar uma visão arbitrária e expressiva de Ricardo Coração de Leão.

3. Personagens construídas a partir de um modêlo real, conhecido pelo escritor, que serve de eixo, ou ponto de partida. O trabalho criador desfigura o modelo, que todavia se pode identificar, — como é o caso de Tomás de Alencar n'*Os Maias*, de Eça de Queirós, baseado no poeta Bulhão Pato, bem distante dele

71

como complexo de personalidade, mas reconhecível ao ponto de ter dado lugar a uma violenta polêmica entre o modelo, ofendido pela caricatura, e o romancista, negando taticamente qualquer ligação entre ambos.

4. Personagens construídas em torno de um modelo, direta ou indiretamente conhecido, mas que apenas é um pretexto básico, um estimulante para o trabalho de caracterização, que explora ao máximo as suas virtualidades por meio da fantasia, quando não as inventa de maneira que os traços da personagem resultante não poderiam, logicamente, convir ao modelo. No caso da exploração imaginária de virtualidades, teríamos o célebre Mr. Micawber, do *David Copperfield*, de Dickens, relacionado ao pai do romancista, como este próprio declarou, mas afastado dele a ponto de serem inassimiláveis um ao outro. No entanto, sabemos que o velho Dickens, pomposo, verboso, pródigo, estóico nas suas desditas de inepto, bem poderia ter vivido as vicissitudes da personagem, com a qual partilha, inclusive, o fato humilhante da prisão por dívidas, que marcou para todo sempre a sensibilidade do romancista. Mas noutros casos, o ponto de partida é realmente apenas estímulo inicial, e a personagem que decorre nada tem a ver logicamente com ele. É o que ocorre com o que há do seminarista Berthet no Julien Sorel, de Stendhal, em *O Vermelho e o Negro*; ou, na *Cartuxa de Parma*, do mesmo escritor, com as sementes de Alexandre Farnésio que, extraídas de crônicas do século XVI, compõem o temperamento de Fabrizio del Dongo.

5. Personagens construídas em torno de um modelo real dominante, que serve de eixo, ao qual vêm juntar-se outros modelos secundários, tudo refeito e construído pela imaginação. É um dos processos normais de Proust, como se verifica no Barão de Charlus,

inspirado sobretudo em Robert de Montesquiou, mas recebendo elementos de um tal Barão Doazan, de Oscar Wilde, do Conde Aimery de La Rochefoucauld, do próprio romancista.

6. Personagens elaboradas com fragmentos de vários modelos vivos, sem predominância sensível de uns sobre outros, resultando uma personalidade nova, — como ocorre também em Proust. É o caso de Robert de Saint-Loup, inspirado num grupo de amigos seus, mas diferente de cada um, embora a maioria de seus traços e gestos possam ser referidos a um deles e a combinação resulte original (modelos identificados: Gaston de Caillavet, Bertrand de Fénelon, Marquês de Albufera, Georges de Lauris, Manuel Bibesco e outros).

7. Ao lado de tais tipos de personagens, cuja origem pode ser traçada mais ou menos na realidade, é preciso assinalar aquelas cujas raízes desaparecem de tal modo na personalidade fictícia resultante, que, ou não têm qualquer modelo consciente, ou os elementos eventualmente tomados à realidade não podem ser traçados pelo próprio autor. Em tais casos, as personagens obedecem a uma certa concepção de homem, a um intuito simbólico, a um impulso indefinível, ou quaisquer outros estímulos de base, que o autor corporifica, de maneira a supormos uma espécie de arquétipo que, embora nutrido da experiência de vida e da observação, é mais interior do que exterior. Seria o caso das personagens de Machado de Assis (salvo, talvez as d'*O Memorial de Aires*), — em geral homens feridos pela realidade e encarando-a com desencanto. É o caso de certas personagens de Dostoievski, encarnando um ideal de homem puro, refratário ao mal, — ideal que remonta a uma certa visão de Cristo e que o obcecou a vida toda. Neste grupo estariam, talvez, já o Dievúchkin, de *Pobres Diabos*; certamente Aleixo Kara-

mázov e, sobretudo, o Príncipe Muichkin, — além de tantos "humilhados e ofendidos", que parecem resgatar o mundo pela sua condição, e que têm, no campo feminino, a Sônia Marmeládova, de *Crime e Castigo*.

Em todos esses casos, simplificados para esclarecer, o que se dá é um trabalho criador, em que a memória, a observação e a imaginação se combinam em graus variáveis, sob a égide das concepções intelectuais e morais. O próprio autor seria incapaz de determinar a proporção exata de cada elemento, pois esse trabalho se passa em boa parte nas esferas do inconsciente e aflora à consciência sob formas que podem iludir.

O que é possível dizer, para finalizar, é que a natureza da personagem depende em parte da concepção que preside o romance e das intenções do romancista. Quando, por exemplo, este está interessado em traçar um panorama de costumes, a personagem dependerá provavelmente mais da sua visão dos meios que conhece, e da observação de pessoas cujo comportamento lhe parece significativo. Será, em conseqüência, menos aprofundado psicologicamente, menos imaginado nas camadas subjacentes do espírito, — embora o autor pretenda o contrário. Inversamente, se está interessado menos no panorama social do que nos problemas humanos, como são vividos pelas pessoas, a personagem tenderá a avultar, complicar-se, destacando-se com a sua singularidade sobre o pano de fundo social.

Esta observação nos faz passar ao aspecto porventura decisivo do problema: o da coerência interna. De fato, afirmar que a natureza da personagem depende da concepção e das intenções do autor, é sugerir que a observação da realidade só comunica o sentimento da verdade, no romance, quando todos os elementos dêste estão ajustados entre si de maneira adequada.

Poderíamos, então, dizer que a verdade da personagem não depende apenas, nem sobretudo, da relação de origem com a vida, com modelos propostos pela observação, interior ou exterior, direta ou indireta, presente ou passada. Depende, antes do mais, da função que exerce na estrutura do romance, de modo a concluirmos que é mais um problema de organização interna que de equivalência à realidade exterior.

Assim, a verossimilhança propriamente dita, — que depende em princípio da possibilidade de comparar o mundo do romance com o mundo real (ficção *igual* a vida), — acaba dependendo da organização estética do material, que apenas graças a ela se torna plenamente verossímil. Conclui-se, no plano crítico, que o aspecto mais importante para o estudo do romance é o que resulta da análise da sua composição, não da sua comparação com o mundo. Mesmo que a matéria narrada seja cópia fiel da realidade, ela só parecerá tal na medida em que for organizada numa estrutura coerente.

Portanto, originada ou não da observação, baseada mais ou menos na realidade, a *vida* da personagem depende da economia do livro, da sua situação em face dos demais elementos que o constituem: outras personagens, ambiente, duração temporal, idéias. Daí a caracterização depender de uma escolha e distribuição conveniente de traços limitados e expressivos, que se entrosem na composição geral e sugiram a totalidade dum modo-de-ser, duma existência. "Uma personagem deve ser convencionalizada. Deve, de algum modo, fazer parte do molde, constituir o lineamento do livro"[5]. A *convencionalização* é, basicamente, o trabalho de selecionar os traços, dada a impossibilidade de descrever a totalidade duma existência. É o desejo de só expor o que Machado de Assis denomina, no *Brás Cubas*, a "substância da vida", saltando sobre os

---

5. Arnold Bennett, *Journal,* ap. Miriam Allott, *ob. cit.,* p. 290.

acessórios; e cada autor, diz Bennett, possui os seus padrões de convencionalização, repetidos por alguns em todas as personagens que criam (o "limite", assinalado por Mauriac). José Lins do Rego, em *Fogo Morto,* descreve obsessivamente três famílias, constituídas cada uma de três membros, com três pais inadequados, três mães sofredoras, tudo em três níveis de frustração e fracasso; e cada família é marcada, sempre que surgem os seus membros, pelos mesmos cacoètes, palavras análogas, pelos mesmos traços psicológicos, pelos mesmos elementos materiais, pelas mesmas invectivas contra o mundo. Trata-se de uma *convencionalização* muito marcada, que atua porque é regida pela necessidade de adequar as personagens à concepção da obra e às situações que constituem a sua trama. *Fogo Morto* é dominado pelo tema geral da frustração, da decadência de um mundo homogêneo e fechado, localizado num espaço físico e social restrito, com pontos fixos de referência. A concentração, limitação e obsessão dos traços que caracterizam as personagens se ordenam convenientemente nesse universo, e são aceitos pelo leitor por corresponderem a uma atmosfera mais ampla, que o envolve desde o início do livro.

Quando, lendo um romance, dizemos que um fato, um ato, um pensamento são inverossímeis, em geral queremos dizer que na vida seria impossível ocorrer coisa semelhante. Entretanto, na vida tudo é praticamente possível; no romance é que a lógica da estrutura impõe limites mais apertados, resultando, paradoxalmente, que as personagens são menos livres, e que a narrativa é obrigada a ser mais coerente do que a vida. Por isso, traduzida criticamente e posta nos devidos têrmos, aquela afirmativa quer dizer que, em face das condições estabelecidas pelo escritor, e que regem cada obra, o traço em questão nos parece inaceitável. O que julgamos *inverossímil,* segundo padrões da vida corrente, é, na verdade, *incoerente*, em face da estrutura do livro. Se nos capacitarmos disto — graças à análise literária — veremos que, embora o vínculo com a vida, o desejo de representar o real, seja a chave mestra da eficácia dum romance, a condição do seu pleno funcionamento, e portanto do funcionamento das personagens, depende dum critério estético de organização interna. Se esta *funciona*, aceitaremos inclusive o que é inverossímil em face das concepções correntes.

Seja o caso (inviável diante delas) do jagunço Riobaldo, de Guimarães Rosa. O leitor aceita *normalmente* o seu pacto com o diabo, porque *Grande Sertão: Veredas* é um livro de realismo mágico, lançando antenas para um supermundo metafísico, de maneira a tornar possível o pacto, e verossímil a conduta do protagonista. Sobretudo graças à técnica do autor, que trabalha todo o enredo no sentido duma invasão iminente do insólito, — lentamente preparada, sugerida por alusões a princípio vagas, sem conexão direta com o fato, cuja presciência vai saturando a narrativa, até eclodir como requisito de veracidade. A isto se junta a escolha do foco narrativo, — o monólogo dum homem rústico, cuja consciência serve de palco para os fatos que relata, e que os tinge com a sua própria visão, sem afinal ter certeza se o pacto ocorreu ou não. Mas o importante é que, mesmo que não tenha ocorrido, o material vai sendo organizado de modo ominoso, que torna naturais as coisas espantosas.

Assim, pois, um traço *irreal* pode tornar-se verossímil, conforme a ordenação da matéria e os valores que a norteiam, sobretudo o sistema de convenções adotado pelo escritor; inversamente, os dados mais autênticos podem parecer irreais e mesmo impossíveis, se a organização não os justificar. O leitor comum tem freqüentemente a ilusão (partilhada por muitos críticos) de que, num romance, a autenticidade externa do relato, a existência de modelos comprováveis ou de fatos transpostos, garante o sentimento de realidade. Tem a ilusão de que a verdade da ficção é assegurada, de modo absoluto, pela verdade da existência, quando, segundo vimos, nada impede que se dê exatamente o contrário.

Se as coisas *impossíveis* podem ter mais efeito de veracidade que o material bruto da observação ou do testemunho, é porque a personagem é, basicamente, uma composição verbal, uma síntese de palavras, sugerindo certo tipo de realidade. Portanto, está sujeita, antes de mais nada, às leis de composição das palavras, à sua expansão em imagens, à sua articulação em sistemas expressivos coerentes, que permitem estabelecer uma estrutura novelística. O entrosamento nesta é condição fundamental na configuração da personagem, porque a verdade da sua fisionomia e do seu modo-de--ser é fruto, menos da descrição, e mesmo da análise do seu ser isolado, que da concatenação da sua existência no contexto. Em *Fogo Morto*, por exemplo, a sola, a faca, o martelo de Mestre José ganham sentido, referidos não apenas ao seu temperamento agressivo, mas ao cavalo magro, ao punhal, ao chicote do Capitão Vitorino; ao cabriolé, à gravata, ao piano do Coronel Lula, — os quais, por sua vez, valem como símbolos das respectivas personalidades. E as três personagens existem com vigor, não só porque se exteriorizam em traços materiais tão bem combinados, mas porque ecoam umas às outras, articulando-se num nexo expressivo.

Os elementos que um romancista escolhe para apresentar a personagem, física e espiritualmente, são por força indicativos. Que coisa sabemos de Capitu, além dos "olhos de ressaca", dos cabelos, de "certo ar de cigana, oblíqua e dissimulada"? O resto decorre da sua inserção nas diversas partes de *Dom Casmurro;*

e embora não possamos ter a imagem nítida da sua fisionomia, temos uma intuição profunda do seu modo- -de-ser, — pois o autor *convencionalizou* bem os elementos, organizando-os de maneira adequada. Por isso, a despeito do caráter fragmentário dos traços constitutivos, ela *existe*, com maior integridade e nitidez do que um ser vivo. A composição estabelecida atua como uma espécie de destino, que determina e sobrevoa, na sua totalidade, a vida de um ser; os contextos adequados asseguram o traçado convincente da personagem, enquanto os nexos frouxos a comprometem, reduzindo-a à inexpressividade dos fragmentos.

Os romancistas do século XVIII aprenderam que a noção de realidade se reforça pela descrição de pormenores, e nós sabemos que, de fato, o detalhe sensível é um elemento poderoso de convicção. A evocação de uma mancha no paletó, ou de uma verruga no queixo, é tão importante, neste sentido, quanto a discriminação dos móveis num aposento, uma vassoura esquecida ou o ranger de um degrau. Os realistas do século XIX (tanto românticos quanto naturalistas) levaram ao máximo esse povoamento do espaço literário pelo pormenor, — isto é, uma técnica de convencer pelo exterior, pela aproximação com o aspecto da realidade observada. A seguir fez-se o mesmo em relação à psicologia, sobretudo pelo advento e generalização do monólogo interior, que sugere o fluxo inesgotável da consciência. Em ambos os casos, temos sempre *referência*, estabelecimento de relação entre um traço e outro traço, para que o todo se configure, ganhe significado e poder de convicção. De certo modo, é parecido o trabalho de compor a estrutura do romance, situando adequadamente cada traço que, mal combinado, pouco ou nada sugere; e que, devidamente *convencionalizado*, ganha todo o seu poder sugestivo. Cada traço adquire sentido em função de outro, de tal modo que a verossimilhança, o sentimento da realidade, depende, sob este aspecto, da unificação do fragmentário pela organização do contexto. Esta organização é o elemento decisivo da verdade dos seres fictícios, o princípio que lhes infunde vida, calor e os faz parecer mais coesos, mais apreensíveis e atuantes do que os próprios seres vivos.

A PERSONAGEM NO TEATRO

As semelhanças entre o romance e a peça de teatro são óbvias: ambos, em suas formas habituais, narram uma história, contam alguma coisa que supostamente aconteceu em algum lugar, em algum tempo, a um certo número de pessoas. A partir desse núcleo, muitas vezes proporcionado pela vida real, pela história ou pela legenda, é possível imaginar alguém que escreva indiferentemente um romance ou uma peça, conforme a sua formação ou a sua inclinação pessoal. Não é raro, aliás, ver adaptações do romance ao palco; e se a recíproca não é verdadeira, deve-se isso, provavelmente, antes de mais nada a motivos de ordem prática.

Mas o que nos interessa no momento são as diferenças — e a personagem, de certa maneira, vai ser o guia que nos permitirá distinguir os dois gêneros literários. No romance, a personagem é um elemento entre vários outros, ainda que seja o principal. Romances há que têm nomes de cidades (*Roma*, de Zola) ou que pretendem apanhar um segmento da vida social de um país (*E.U.A.*, de John Dos Passos) ou mesmo de uma zona geogràficamente delimitada (*São Jorge de Ilhéus*, de Jorge Amado), não querendo, ao menos em princípio, centralizar ou restringir o seu interesse sobre os indivíduos. No teatro, ao contrário, as personagens constituem praticamente a totalidade da obra: nada existe a não ser através delas. O próprio cenário se apresenta não poucas vezes por seu intermédio, como acontecia no teatro isabelino, onde a evocação dos lugares da ação era feita menos pelos elementos materiais do palco do que pelo diálogo, por essas luxuriantes descrições que Shakespeare tanto apreciava. E isso traz imediatamente à memória a frase de um espectador em face do palco quase vazio de uma das famosas encenações de Jacques Copeau: como não havia nada que ver, viam-se as palavras. Com efeito, há toda uma corrente estética moderna, baseada em ilustres precedentes históricos, que procura reduzir o cenário quase à neutralidade para que a soberania da personagem se afirme ainda com maior pureza. Em suma, tanto o romance como o teatro falam do homem — mas o teatro o faz através do próprio homem, da presença viva e carnal do ator.

Poderíamos dizer a mesma coisa de outra maneira, já agora começando a aprofundar um pouco mais essa visão sintética inicial, notando que teatro é ação e romance narração. Aristóteles, em sua *Poética*, foi quem primeiro colocou a questão nesses termos, ao cotejar o poema épico (que sob este aspecto se assemelha ao romance) com a tragédia: "Efetivamente, com os mesmos meios pode um poeta imitar os mesmos objetos, quer na forma narrativa (assumindo a personalidade de outros, como faz Homero, ou na própria pessoa, sem mudar nunca), quer mediante todas as pessoas imitadas, operando e agindo elas mesmas. (...) Donde vem o sustentarem alguns que tais composições se denominam dramas, pelo fato de imitarem agentes"[1]. Outra tradução em português é ainda mais explícita quanto ao último parágrafo: "Daí vem que alguns chamam a essas obras dramas, porque fazem aparecer e agir as próprias personagens"[2].

A personagem teatral, portanto, para dirigir-se ao público, dispensa a mediação do narrador. A história não nos é contada mas mostrada como se fosse de fato a própria realidade. Essa é, de resto, a vantagem específica do teatro, tornando-o particularmente persuasivo às pessoas sem imaginação suficiente para transformar, idealmente, a narração em ação: frente ao palco, em confronto direto com a personagem, elas são por assim dizer obrigadas a acreditar nesse tipo de ficção que lhes entra pelos olhos e pelos ouvidos. Sabem disso os pedagogos, que tanta importância atribuem ao teatro infantil, como o sabiam igualmente os nossos jesuítas, ao lançar mão do palco para a catequese do gentio.

Há muitos modos de conceber o narrador no romance. Enumeramos alguns, não para esgotar o assunto, mas somente para estabelecer as bases de uma comparação ainda mais estreita entre romance e teatro. O narrador, por excelência, talvez seja o dominante no romance do século XIX, o narrador impessoal, pretensamente objetivo, que se comporta como um verdadeiro Deus, não só por haver tirado as personagens do nada

---

1. Aristóteles, *Poética*, tradução direta do grego, com introdução e índices, por Eudoro de Sousa, Guimarães e Cia. Editora, Lisboa, p. 70.
2. Aristóteles, *Arte Retórica e Arte Poética*, tradução de Antônio Pinto de Carvalho, Clássicos Garnier da Difusão Européia do Livro, São Paulo, p. 172.

como pela onisciência de que é dotado. Ele está em todos os lugares ao mesmo tempo, abarca com o seu olhar a totalidade dos acontecimentos, o passado como o presente, é ele quem descreve o ambiente, a paisagem, quem estabelece as relações de causa e efeito, quem analisa as personagens (revelando-nos coisas que às vezes elas mesmo desconhecem), é ele quem discorre sobre os mais variados assuntos (lembremo-nos das intermináveis considerações marginais de Tolstoi em *A Guerra e a Paz*), carregando o romance de matéria extra-estética, dando-lhe o seu sentido social, psicológico, moral, religioso ou filosófico. Dessa concepção olímpica do narrador, pode-se descer até versões bem mais delimitadas e modestas, como o narrador-testemunha (*Carmen*, de Merimée) ou o narrador-personagem (*À la Recherche du Temps Perdu*, de Proust), subentendendo-se nestes casos que o narrador não é exatamente o autor mas, ele também, já um elemento de ficção. Há narradores que se apagam diante da suposta realidade (Hemingway, por exemplo), como há os que timbram em permanecer no primeiro plano (o das *Memórias Póstumas de Brás Cubas*, aproveitando-se talvez da circunstância de ser um "defunto autor", é dos mais petulantes e impertinentes que se conhecem). Já se vê, por essas rápidas indicações, que o narrador é uma das armas, uma das riquezas do romance, possibilitando ao autor dizer com maior clareza, se assim o desejar, aquilo que a própria trama dos acontecimentos não for capaz de exprimir.

Tanto o ditirambo quanto o *comos*, pontos de partida respectivamente da tragédia e da comédia ocidental, eram narrações orais e coletivas, de origem religiosa. Mas o teatro propriamente dito só nasceu ao se estabelecer o diálogo, quando o primeiro embrião da personagem — o corifeu — se destacou do quadro narrativo e passou a ter vida própria. Mais tarde as personagens iriam crescer de numero e se individualizar, sem que jamais o palco ateniense cortasse o cordão umbilical que o prendia às suas origens. Assim devemos compreender o coro da tragédia que, se por um lado era pura expressão lírica, por outro desempenhava funções sensivelmente semelhantes às do narrador do romance moderno: cabia a ele analisar e criticar as personagens, comentar a ação, ampliar, dar ressonância moral e religiosa a incidentes que por si não ultrapassariam a esfera do individual e do particular [3]. Quando Antígone morre, é do coro a palavra final. "Nunca aos deuses ninguém deve ofender. Aos orgulhosos os duros golpes, com que pagam suas orgulhosas palavras, na velhice ensinam a ser sábios" [4]. A conclusão, evidentemente, é de Sófocles, refletindo a essência do seu pensamento, mas pode ser igualmente atribuída à sabedoria popular, aos cidadãos de Tebas, testemunhas do drama, tomados em conjunto. Autor e personagem — pois que o coro, a seu modo, também é personagem — fundem-se a tal ponto que somente uma análise um tanto artificial poderia dissociá-los. Daí o caráter ambíguo do coro e a tendência do teatro a eliminá-lo, como a um corpo estranho, não obstante a sua comodidade para o autor, à medida que a narração se convertia em ação e o autor cedia passo às personagens.

O teatro realista moderno acabou de completar a operação. Mas em seu próprio bojo se manifesta, vez ou outra, uma longínqua nostalgia em relação ao coro, que reaparece disfarçadamente, sob a forma do narrador-testemunha de *Panorama Visto da Ponte*, de Arthur Miller, do narrador-personagem de *À Margem da*

---

[3]. Ver um excelente resumo das funções do coro grego em: Philip Whaley Harsh, *A Handbook of Classical Drama*, Stanford University Press, pp. 17-23. Como intervenção direta do autor na estrutura da peça, poderíamos lembrar ainda a Parabase da Antiga Comédia e o Prólogo da Nova Comédia. Como resquício narrativo, na tragédia, as longas descrições, de efeito oratório, de batalhas e crimes ocorridos fora de cena.

[4]. Sófocles, *Antígone*, na transcrição de Guilherme de Almeida, Edições Alarico, São Paulo, 1952, p. 85.

Vida, de Tennessee Williams, ou mesmo do narrador puro e simples, que se aceita e se apresenta como tal, de *Nossa Cidade*, de Thornton Wilder, peça que por abranger a vida de toda uma comunidade durante alguns decênios dificilmente poderia ser escrita a não ser lançando-se mão de recursos narrativos.

Como caracterizar, em teatro, a personagem? Os manuais de *playwriting* indicam três vias principais: o que a personagem revela sobre si mesma, o que faz, e o que os outros dizem a seu respeito. Vamos examinar sucintamente cada caso, procurando sempre isolar o elemento específico ao teatro.

A primeira solução só oferece algum interesse, alguma dificuldade de ordem técnica, quando se trata de trazer à tona esse mundo semi-submerso de sentimentos e reflexões mal formuladas que não chegamos a exibir aos olhos alheios ou do qual nem chegamos a ter plena consciência. No romance é possível apanhar esse "fluxo da consciência", que alguns críticos apontam como o "aspecto mais característico da ficção do século vinte"[5], quase em sua fonte de origem, naquele estado bruto, incoerente, fragmentário, descrito pelos psicólogos: foi, como se sabe, a proeza realizada por James Joyce no último e famoso capítulo de *Ulysses*. No teatro, todavia, torna-se necessário, não só traduzir em palavras, tornar consciente o que deveria permanecer em semiconsciência, mas ainda comunicá-lo de algum modo através do diálogo, já que o espectador, ao contrário do leitor do romance, não tem acesso direto à consciência moral ou psicológica da personagem. Compreende-se, pois, que o teatro não seja o meio mais apropriado para investigar as zonas obscuras do ser: é difícil imaginar, por exemplo, um romance como *Quincas Borba* transposto para o palco sem perder a

---

5. Leon Edel, *The Modern Psychological Novel*, Grove Press Inc., New York, p. 9. Na p. 17, o autor comenta os solilóquios de Shakespeare e, na p. 57, a peça *Strange Interlude*.

sua imponderabilidade, a sua atmosfera feita menos de fatos do que de sugestões, de coisas que temos o cuidado de não definir com clareza nem a nós mesmos.

Não se conclua, porém, que o teatro, apesar de tais restrições, não tenha conseguido criar no passado alguns instrumentos capazes de executar, com maior ou menor delicadeza, esse trabalho de prospecção interior. Três, pelo menos, pela freqüência com que foram utilizados durante séculos, merecem um ligeiro comentário: o confidente, o aparte e o monólogo.

O confidente é o desdobramento do herói, o *alter ego*, o empregado ou o amigo perfeito perante o qual deixamos cair as nossas defesas, confessando inclusive o inconfessável. Phèdre, desfalecente de amor e de vergonha, apóia-se em Oenone em sua paixão culpada por Hippolyte. Como escreveu Jean-Louis Barrault, "En tragédie, le personnage est à son confident ce que l'homme est à son "double". (...) Oenone est le mauvais génie de Phédre; c'est son démon; sa valeur noire" [6].

No aparte o confidente somos nós: por convenção, só o público ouve as maquinações em voz alta de Yago ou de Scapin. Daí o seu aspecto algo ridículo hoje em dia, quando o realismo introduziu outros hábitos de pensar, outras convenções, e em sentido contrário às anteriores: pela teoria da "quarta parede" dos naturalistas, tanto o dramaturgo como os atores devem proceder exatamente como se não houvesse público. De resto, o aparte jamais exerceu funções de grande transcendência: recurso favorito da farsa e do melodrama, o seu fim, via de regra, era menos analisar as personagens do que prevenir o público quanto ao andamento presente ou futuro da ação, não o deixando equivocar-se com referência ao sentido real da cena. O que não impediu que Eugene O'Neill fizesse dele um uso

---

6. Jean Racine, *Phèdre*, mise en scène et commentaires de Jean--Louis Barrault, Éditions du Seuil, p. 87.

altamente revelador, reintegrando-o em sua categoria de convenção tão útil — ou tão arbitrária — quanto qualquer outra, desde que o escritor tenha a coragem de o impor ao público, apresentando-o sem subterfúgios. Em *Strange Interlude* as personagens exprimem-se sempre em dois planos, completando o diálogo com o monólogo interior, que é falado em aparte, seja em outro tom, seja através de microfone, segundo a fórmula adotada pela encenação. O intuito é semelhante ao de *Ulysses,* somente que com uma inclinação decidida para o lado da psicanálise, que acabara de entrar na moda (o romance é de 1922, a peça de 1928), mas os resultados não coincidem: pela necessidade de se fazer entender de imediato pelo público, sem os vagares e a atenção dispensada à leitura, O'Neill foi obrigado a dar muito maior coerência lógica ao discurso interno, pouco diferenciando-o do externo a não ser pelo conteúdo e por uma certa indeterminação da forma [7]. A experiência é interessante, ao tentar pela primeira vez na história do teatro pôr à mostra sistematicamente a face oculta da personagem, mas não foi além dos limites de um achado pessoal feliz, ao contrário do que sucedeu no romance, onde a técnica do "fluxo da consciência" incorporou-se em definitivo aos outros recursos expressivos, como coroamento natural de uma tendência introspectiva que já vinha de longe.

Quanto ao monólogo, ao solilóquio propriamente dito, se partirmos do princípio, como faz o realismo moderno, de que a personagem está efetivamente sozinha, em conversa consigo mesma, de acordo com a etimologia da palavra, não há dúvida de que só podemos admiti-lo em casos especiais, como é o de *A Morte do Caixeiro-Viajante,* de Arthur Miller, no qual os deva-

---

[7]. Um amplo panorama da influência exercida pela psicanálise sôbre o teatro norte-americano é traçado em: W. David Sievers, *Freud on Broadway,* A history of psychoanalysis and the american drama, Hermitage House, New York, 1955. *Strange Interlude* é analisada principalmente nas pp. 115-119.

neios solitários de Willy Loman sao o sintoma mais grave de sua incipiente desagregação mental. Mas não era assim, evidentemente, que o interpretavam os autores dos séculos XVII e XVIII, período em que o monólogo alcançou o seu ponto de maior prestígio. O teatro clássico francês, tão apegado a supostas verossimilhanças, aceitou-o sem restrições. As estrofes em que Cid desfia as razões pró e contra a sua possível ação contra D. Diègue nada têm da incoerência da divagação pessoal e tudo de uma exposição oratória sabiamente dosada. Já bem mais próximos da marcha real do pensamento, com as suas vacilações e incertezas, mas sem perder com isso a sua beleza retórica, estão os monólogos de Shakespeare, um dos quais, "To be or not to be", gravou-se mesmo na imaginação popular como o exemplo mais perfeito da reflexão poética sobre o homem. O monólogo, em tais momentos privilegiados, ultrapassa de muito o quadro psicológico que lhe deu origem, sabendo os autores clássicos, sem que ninguém o tivesse estabelecido, que o verdadeiro interlocutor no teatro é o público.

Todos esses mecanismos de revelação interior, não obstante o papel que representaram e ocasionalmente ainda representam, parecem ter qualquer coisa de artificial, de estranho à norma do teatro. O contrário diríamos da segunda maneira de caracterizar a personagem: pelo que ela faz. A ação é não só o meio mais poderoso e constante do teatro através dos tempos, como o único que o realismo considera legítimo. Drama, em grego, significa etimologicamente ação: se quisermos delinear dramaticamente a personagem devemos ater-nos, pois, à esfera do comportamento, à psicologia extrospectiva e não introspectiva. Não importa, por exemplo, que o ator sinta dentro de si, viva, a paixão que lhe cabe interpretar; é preciso que a interprete de fato, isto é, que a exteriorize, pelas inflexões, por

91

um certo timbre de voz, pela maneira de andar e de
olhar, pela expressão corporal etc. Do mesmo modo,
o autor tem de exibir a personagem ao público, transformando em atos os seus estados de espírito. Alguns
teóricos chegam inclusive a definir o teatro como a arte
do conflito [8] porque somente o choque entre dois temperamentos, duas ambições, duas concepções de vida,
empenhando a fundo a sensibilidade e o caráter, obrigaria todas as personalidades submetidas ao confronto
a se determinarem totalmente. Esta seria a função do
antagonista, bem como das personagens chamadas de
contraste, colocadas ao lado do protagonista para dar-lhe relêvo mediante o jogo de luz e sombra: Antígone
não seria ela mesma, ou não apareceria como tal, se
não tivesse de se medir contra a prepotência de Creon
e a passividade de Ismene. Ação, entretanto, não se
confunde com movimento, atividade física: o silêncio,
a omissão, a recusa a agir, apresentados dentro de um
certo contexto, postos em situação (como diria Sartre)
também funcionam dramaticamente. O essencial é encontrar os episódios significativos, os incidentes característicos, que fixem objetivamente a psicologia da personagem. Explica-se, assim, a importância que o enredo
assume em teatro, certamente muito maior do que no
romance; como se explica igualmente por que alguns
romancistas que amaram e cortejaram o teatro (Balzac,
Zola, Henry James são excelentes exemplos) jamais
conseguiram obter êxito de palco: mestres da narrativa,
não souberam adaptar-se à linguagem da ação. Por outro lado, esta mesma exigência da dramaticidade faz
com que a vocação dramatúrgica se apresente quase
sempre como um talento peculiar, uma habilidade *sui*

---

8. Em: Barrett H. Clark, *European Theories of the Drama*, Crown Publishers, New York, 1947, pode-se acompanhar a elaboração da "lei do conflito", desde Brunetière ("The Law of the Drama", p. 404) até John Howard Larson ("The Law of the Conflict" p. 537), passando por Henry Arthur Jones, William Archer, Brander Matthews e George Pierce Baker. O livro de Barrett Clark, que reúne autores desde os gregos até os modernos, é indispensável, como ponto de partida, para qualquer estudo sobre teoria teatral.

generis, levando Alexandre Dumas Filho a observar que "Un homme sans aucune valeur comme penseur, comme moraliste, comme philosophe, comme écrivain, peut donc être un homme de premier ordre comme auteur dramatique, c'est à dire comme metteur en oeuvre des mouvements purement extérieurs de l'homme" [9].

Outro fator a considerar com referência à ação é o tempo. A peça de teatro completa habitualmente o seu ciclo de existência em apenas duas ou três horas. O ritmo do palco mantém-se sempre acelerado: paixões surgem à primeira vista, odiosidades crescem, travam-se batalhas, perdem-se ou ganham-se reinados, cometem-se assassínios, tudo em alguns poucos minutos pejados de acontecimentos e emoção. Este tempo característico do teatro não poderia deixar de influir sobre a conformação psicológica da personagem, esquematizando-a, realçando-lhe os traços, favorecendo antes os efeitos de força que os de delicadeza — e nem por outro motivo a palavra teatral passou a ter o sentido de exagero já próximo da caricatura. O palco, como observou Victor Hugo, é um espelho de concentração que congrega e condensa os raios luminosos, fazendo "d'une lueur une lumière, d'une lumière une flamme" [10]. Há, bem entendido, autores que primam pelo subentendido, pelas meias-tintas, mas dão sempre, como Tchekov, a impressão de haverem triunfado sobre as limitações do próprio teatro, não sabemos por intermédio de que sortilégio.

A necessidade de não perder tempo, somada à inércia do ator e ao desejo de entrar em comunicação instantânea com o público, desenvolveram no teatro uma predileção particular pelas personagens padronizadas. Não há dúvida de que o lugar-comum é uma tentação permanente em todas as artes. Mas talvez haja

---

9. Alexandre Dumas Fils, *Théatre Complet*, avec préfaces inédites, 3.º volume, Calman-Lévy, Éditeur, Paris, 1890, p. 210.
10. Victor Hugo, *Oeuvres*, tomo primeiro, *Cromwell*, Vve. Adre-Houssiaux, Éditeur, Paris, 1878, p. 33.

no teatro alguma coisa a mais, uma tendência para se cristalizar em torno de fórmulas, uma propensão ao formalismo: compare-se, por exemplo, a rigidez do teatro clássico, com os seus preceitos imutáveis — a distinção de gêneros, a lei das três unidades, a divisão em cinco atos — com a fluidez, a liberdade, a ausência de regras que sempre vigoraram no romance. Isso nos ajudaria a compreender fenômenos tão curiosos como a Farsa Atelana e a "Commedia Dell'Arte", nas quais as personagens, entendidas como individualidades, foram inteiramente substituídas, durante séculos, por máscaras, arquétipos cômicos tradicionais. Seriam produtos extremos dessa estranha propriedade que o palco sempre teve de engendrar uma biotipologia humana especial. Assim é que no Brasil do século passado uma companhia que dispusesse de um certo número de *emplois* — o galã, a ingênua, o pai nobre, a dama galã, a dama central, o cômico, a dama caricata, o tirano (ou o cínico), a lacaia [11] — estava em condições de interpretar qualquer personagem: todas as variantes reduziam-se, em última análise, a esses modelos ideais. E era tão forte o apêgo à tradição que as platéias protestavam se por acaso o vilão do melodrama não entrava em cena como de costume, pisando na ponta dos pés e erguendo com o braço esquerdo a capa sobre os olhos. O ritual tinha a sua utilidade porque marcava de início, simbolicamente, a significação psicológica e moral da personagem.

Resta-nos analisar o terceiro modo de conhecimento da personagem — pelo que os outros dizem a seu respeito. Nada há de relevante a observar, exceto que o autor teatral, na medida em que se exprime através das personagens, não pode deixar de lhes atribuir um

---

11. Essa classificação corresponde aos títulos dos capítulos de uma das seções do livro *Galeria Theatral*, Esboços e Caricaturas, Rio de Janeiro, 1884. O seu autor, que assina "Gryphus", é o jornalista José Alves Visconti Coaracy.

grau de consciência crítica que em circunstâncias diversas elas não teriam ou não precisariam ter.

O problema começou a se colocar com agudeza no século dezenove, dado que as épocas anteriores não fechavam por completo o caminho à exposição das idéias do autor: se Ésquilo e Sófocles valiam-se do coro, como vimos, um Shakespeare ou um Corneille não hesitavam em carregar as personagens com as suas próprias meditações, enriquecendo-as, elevando-as de nível [12]. O realismo moderno, ao contrário, condena a personagem a ser unicamente ela mesma, expulsando o autor de cena, relegando-o aos bastidores, onde deve permanecer invisível e em silêncio. Baixa em conseqüência o *tonus* humano do texto: já não se trata de representar heróis, seres excepcionais, e sim pobres-diabos que não merecem às vezes a simpatia nem sequer do autor. A reação veio com a peça de tese, que reintroduziu sub-repticiamente o autor sob as vestes do *raisonneur*, pessoa incumbida de ter sempre razão ou de explicar as razões da peça, criação essencialmente híbrida, inautêntica, porque, inculcando-se como personagem individualizada (coisa que o coro nunca pretendeu ser), não passava em verdade de um servil emissário do autor. Ibsen solucionou o impasse permitindo simplesmente que as personagens compreendessem e discutissem com lucidez os próprios problemas. Creio que foi Chesterton quem disse, com espírito, que a grande novidade do drama ibseniano foi encerrar a peça não quando a ação termina, como era hábito, mas com uma conversa final que faz o balanço dos acontecimentos. Nora e Hellmer, na última cena de *Casa de Boneca*, confrontam as suas respectivas versões sobre o que sucedera, comentam-se mutuamente, e é desse

---

12. Conta André Maurois que Paul Valéry lhe disse, "um dia, que Shakespeare se tornou ilustre por ter tido a idéia, na aparência temerária, de fazer recitar por atores, no momento mais trágico dos seus dramas, páginas inteiras de Montaigne. Aconteceu, diz Valéry, que aquele público gostava dos discursos morais". (André Maurois, *Mágicos e Lógicos*, traduzido por Heitor Moniz, Editôra Guanabara, Rio, p. 99.)

confronto que nós, espectadores, acabamos por tirar as nossas conclusões. Estava criada a peça de idéias, porta larga por onde passaram e continuam a passar inúmeros autores, desde Bernard Shaw até Jean-Paul Sartre. Muito pouco há de comum entre êles, na maioria das vezes, além da generosidade com que emprestam o brilho da própria inteligência às personagens. Por outro lado, o realismo do tipo norte-americano foi-se confinando cada vez mais ao estudo meramente psicológico da personagem, única saída diante da impossibilidade de discutir em cena idéias morais e políticas sem trair os fundamentos teóricos da escola. Ainda recentemente Arthur Miller, reexaminando *The Crucible* (*As Feiticeiras de Salém*), queixava-se de que o público anglo-saxão não "acredita na realidade de personagens que vivam de acordo com princípios, conhecendo-se a si mesmas e as situações que enfrentam, e capazes de dizer o que sabem. (...) Olhando em retrospecto, creio que deveria ter dado às personagens de *As Feiticeiras de Salém* maior autoconsciência, e não, como insinuaram os críticos, mergulhá-las ainda mais no subjetivismo. Mas nesse caso a forma e o estilo realistas da peça estariam condenados". Linhas adiante, acrescenta: "É inevitável que o trabalho de Bertolt Brecht seja mencionado. Embora não possa concordar com o seu conceito da situação humana, a solução que propõe para o problema da tomada de consciência da personagem é admiravelmente honesta e teatralmente poderosa. Não se pode assistir a uma de suas produções sem perceber que ele está trabalhando, não na periferia do problema dramático contemporâneo, mas diretamente em seu centro — que é, tornamos a repetir, o problema da tomada de consciência"[13].

Brecht, com efeito, reformulou a relação autor-personagem em termos originais, tornando-a a questão

---

13. Arthur Miller, *Collected Plays*, The Viking Press, New York, 1957, pp. 44-45.

capital da dramaturgia moderna. O seu intuito era o de instituir um teatro político, atuante, que não permanecesse neutro perante uma realidade econômica e social que se deve transformar e não descrever. Um teatro que incite à ação e não à contemplação. Mas Brecht evita com muita inteligência o escolho habitual do teatro de tese, não identificando o seu ponto de vista com o da personagem. A presença do autor em seus espetáculos (já que as suas teorias não se referem apenas ao texto) faz-se sentir clara mas indiretamente, através do espetáculo propositadamente teatral, dos cenários não realistas, ilustrados com dísticos explicativos sobre a peça, das canções que desfazem a ilusão cênica e põem o autor em comunicação imediata com o público. Ainda assim Brecht não diz sem rodeios o que pensa. O seu método lembra o de Sócrates [14]: é pela ironia que ele busca despertar o espírito crítico do espectador, obrigando-o a reagir, a procurar por si a verdade. A peça não dá resposta mas faz perguntas, esclarecendo-as tanto quanto possível, encaminhando a solução correta.

A personagem não perde, portanto, a sua independência, não abdica de suas características pessoais; mas quando canta, quando vem à ribalta e encara corajosamente a platéia, admitindo que está no palco, que se trata de uma representação teatral, passa por assim dizer a outro modo de existência: se não é propriamente o autor, também já não é ela mesma. É que esta concepção do teatro, que Brecht chamou de épica por oposição à dramática tal como fora definida por Aristóteles (épico em tal contexto equivale praticamente a narrativo), modifica também a relação ator-personagem. O intérprete não deve encarnar a personagem,

---

14. A aproximação talvez seja menos fortuita do que parece: Sócrates é de fato o herói de uma das *Histórias de Almanaque* de Brecht (B. Brechet, *Histoires d'Almanach*, L'Arche, Paris, 1961, p. 105).

no sentido de se anular, de desaparecer dentro dela [15]. Deve, por um lado, configurá-la, e, por outro, criticá-la, pondo em evidência os seus defeitos e qualidades (que, dentro da óptica marxista que é a de Brecht, devem ser menos dos indivíduos do que da classe social a que êles pertencem). Temos, assim, personagens autônomos, ou realistas, dentro de um quadro teatral não realista; e entre uma coisa e outra insinua-se com facilidade o pensamento do autor.

A perspectiva crítica do ator sobre a personagem não é inteiramente nova: o expressionismo, por exemplo, já a empregava conscientemente, como a empregam intuitivamente, em pequenas doses, todos os bons atores, alongando, tornando exemplares a avareza de Harpagon e a hipocrisia de Tartufo. O que Brecht fez a esse respeito, a exemplo do que já fizera com o texto, foi explorar em profundidade uma das vertentes possíveis do teatro, codificando, erigindo em sistema as experiências do teatro alemão esquerdista da década de 1920, quando vanguardismo político e vanguardismo estético ainda se confundiam [16].

Deveríamos ainda abordar um último tópico: o estilo. Não vamos fazê-lo com minúcia, todavia, porque, do ponto de vista deste ensaio, não passa de um aspecto da relação mais vasta autor-personagem. O verso, sabemos todos nós, foi o invólucro que preservou durante séculos o estilo trágico, impedindo-o de cair no informalismo e na banalidade, assegurando ao autor o direito de se exprimir em alto nível literário. Era ainda essa a função que lhe atribuía Victor Hugo no Prefácio

---

15. Também Diderot no "Paradoxe du Comédien" sustenta que a encarnação do ator nunca é total: mas trata-se de uma impossibilidade psicológica, não de um ato deliberado de natureza crítica como em Brecht.

16. A posição de Brecht aparece aqui, por questões de espaço, um tanto simplificada: não aludimos ao uso da fábula, do côro, de máscaras, processos que permitem de um modo ou de outro a intervenção do autor. Quanto às idéias estéticas de Brecht, ver: John Willett, *The Theatre of Bertold Brecht*, Methuen and Co. Ltd., London, 1959; quanto ao teatro alemão de esquerda anterior ao nazismo, um depoimento de grande vivacidade é o de Erwin Piscator, *Teatro Político*, Editorial Futuro, S. R. L., Buenos Aires, 1957.

do *Cromwell*, considerando-o não como uma obrigação de ser poético, mas como uma disciplina do estilo, uma defesa contra a flacidez da prosa de todos os dias: "Il rend plus solide et plus fin le tissu du style" [17]. Estávamos em pleno fervor romântico, mas a causa já se achava perdida: os próprios companheiros de geração do autor de *Hernani* escreveram geralmente teatro em prosa. O realismo não fez mais do que lançar a derradeira pá de cal sobre a questão, não obstante alguns pronunciamentos e algumas interessantes tentativas modernas em contrário, e pela simples razão de sobrepor em definitivo a linguagem da personagem à do autor. "Deux chemins — escreveu Jean-Richard Bloch — s'offrent donc au poète dramatique. Fidèle à un idéal réaliste, voudra-t-il suivre au plus près les désordres, reproduire ou réinventer les sublimes platitudes de l'être humain en proie aux égarements de la passion? Nous aurons alors les hoquets, les cris, les onomatopées, les frénésies laborieuses du drame moderne. Ou bien, convenant de l'inanité de cette tentative, le poète méditera des leçons plus anciennes et cherchera une traduction, une stylisation de ce bégaiement affreux. Il désirera mettre l'onomatopée en forme. Il ordonnera le cri et en tirera un discours" [18].

O primeiro caminho, que corresponde à verdade da personagem, tem sido preferentemente o do teatro norte-americano. Para saber dialogar, em teatro, não é necessário dominar a técnica da linguagem escrita: basta ter bom ouvido, apanhar e reproduzir com exatidão a língua — e às vezes quase o dialeto — falado nas ruas. Donde essa proliferação de cursos de *playwriting*, às centenas, e de peças, aos milhares, fabricadas com maior ou menor engenhosidade por pessoas que não podem ser consideradas escritores no sentido exato do termo.

17. Victor Hugo, *ob. cit.*, p. 38.
18. Jean-Richard Bloch, *Destin du Théatre*, Librairie Gallimard, Paris, 1930, pp. 102-103.

Em contraposição, os verdadeiros dramaturgos, os nomes que realmente contam, mostram-se sempre capazes de elaborar um estilo pessoal e artístico a partir das sugestões oferecidas pela palavra falada, aproveitando não somente a gíria, as incorreções saborosas da linguagem popular, mas também a sua vitalidade quase física, a sua vivacidade, a sua irreverência e a sua acidez, as suas metáforas cheias de invenção poética [19].

O segundo caminho, se quisermos permanecer no terreno das generalizações, é por excelência o do teatro francês, tributário muito mais, em questões de forma, de uma longa tradição clássica do que de uma brevíssima experiência realista. As personagens de Anouilh e Salacrou — para não nos referirmos a casos extremos, a um Claudel e a um Giraudoux — jamais perdem de vista as qualidades de concisão, de clareza, de graça, de correção, de elegância, que distinguem o estilo literário. A modernidade é dada principalmente pelo corte do diálogo, por um certo ar de improvisação, pelo ritmo menos narrativo e mais oral das frases, se as compararmos ao formalismo estrito da tragédia clássica.

Vemos, pois, que as diferenças entre uma e outra posição, marcantes em teoria, se atenuam na prática teatral: em ambos os casos chega-se a um compromisso, pendente mais para um lado ou para outro, entre a autonomia lingüística da personagem e o desejo do autor de impor as suas exigências artísticas.

Podemos agora concluir. A obra literária é um prolongamento do autor, uma objetivação do que ele sente possuir de mais íntimo e pessoal. A personagem constitui, portanto, um paradoxo, porque essa criatura nascida da imaginação do romancista ou do dramaturgo

---

19. Qualidades não só do teatro mas também do cinema e do romance norte-americano. Comparando este último com o romance inglês, observou Cyril Connoly: "The English mandarin simply can't get at pugilists, gangsters, speakasies, negroes, and even if he should he would find them absolutely without the force and colour of the American equivalent" (Cyril Connoly, *The Condemned Playground*, Routledge, London, 1945, p. 101).

só começa a viver, só adquire existência artística, quando se liberta de qualquer tutela, quando toma em mãos as rédeas do seu próprio destino: o espantoso de toda criação dramática — em oposição à lírica — é que o autêntico criador não se reconhece na personagem a que deu origem. Em tal direção o teatro vai ainda mais longe do que o romance porque, no palco, a personagem está só, tendo cortado de vez o fio narrativo que a deveria prender ao autor. O dramaturgo não está longe de se assemelhar ao Deus concebido por Newton: o seu papel se extinguiria para todos os efeitos no ato da criação. Qualquer interferência sua posterior sobre as personagens seria em princípio um escândalo tão grande quanto o é o milagre em relação às leis da natureza. Mas poucos autores se contentam com semelhante exclusão: o próprio impulso que os levou a escrever a peça, leva-os também a expor e a defender os seus pontos de vista. Daí essa luta surda entre autor e personagem, cada qual procurando ganhar terreno a expensas do outro. Não há em teatro nenhum problema mais antigo e mais atual do que esse: a história da relação autor-personagem seria, em larga medida, a própria história da evolução do teatro ocidental, das diferentes formas por ele assumidas desde a Grécia até os nossos dias.

A PERSONAGEM CINEMATOGRÁFICA

Na década de vinte a maneira mais útil de abordar
o cinema, para a criação ou a reflexão, era considerá-lo
arte autônoma. É possível que a tese da especificidade
cinematográfica ainda venha no futuro a produzir frutos
práticos e teóricos. Atualmente, porém, os melhores
filmes e as melhores idéias sobre cinema decorrem im-
plicitamente de sua total aceitação como algo esteticamente
equívoco, ambíguo, impuro. O cinema é tributário de todas as linguagens, artísticas ou não, e mal
pode prescindir dêsses apoios que eventualmente digere.
Fundamentalmente arte de personagens e situações que
se projetam no tempo, é sobretudo ao teatro e ao

romance que o cinema se vincula. A história da arte cinematográfica poderia limitar-se, sem correr o risco de deformação fatal, ao tratamento de dois temas, a saber, o que o cinema deve ao teatro e o que deve à literatura. O filme só escapa a esses grilhões quando desistimos de encará-lo como obra-de-arte e ele começa a nos interessar como fenômeno. Não é na estética, mas na sociologia que refulge a originalidade do cinema como arte viva do século.

Nesta exposição, podemos pois inicialmente, e sem abuso excessivo, definir o cinema como teatro romanceado ou romance teatralizado. Teatro romanceado, porque, como no teatro, ou melhor no espetáculo teatral, temos as personagens da ação encarnadas em atôres. Graças porém aos recursos narrativos do cinema, tais personagens adquirem uma mobilidade, uma desenvoltura no tempo e no espaço equivalente às das personagens de romance. Romance teatralizado, porque a reflexão pode ser repetida, desta feita, a partir do romance. É a mesma definição diversamente formulada.

O cinema seria pois uma simbiose entre teatro e romance, e o meu cuidado aqui, ao falar de personagens no filme, consistiria essencialmente em determinar os necessários cruzamentos entre as considerações feitas pelos Professores Antonio Candido e Décio de Almeida Prado a respeito da personagem novelística e da teatral. Pelo menos teoricamente. Pois é possível que o meu empenho em subordinar o cinema ao romance e ao teatro seja, sobretudo, um recurso para levar avante a tarefa ideológica atual mais premente, que é a de libertar o filme do Cinema com C maiúsculo, tão ao gosto da crítica corrente. O desenrolar das reflexões nos conduzirá por certo à conclusão de que a impotência estética do cinema em nada perturba a vitalidade do filme. O terreno que nos ocupa é dominado por uma articulação dialética entre um sistema confuso de idéias, o cinema, e um conjunto confuso de fatos, os filmes; mas o segundo grupo sempre levará a melhor.

Se retomarmos as diversas formas de situar a personagem no romance, às quais o Professor Antonio Candido fez referência em suas aulas, verificaremos que são todas válidas para o filme, seja a narração objetiva de acontecimentos, a adoção pelo narrador do ponto de vista de uma ou mais personagens, ou mesmo a narração na primeira pessoa do singular [1]. Aparentemente, a fórmula mais corrente do cinema é a objetiva, aquela em que o narrador se retrai ao máximo para deixar o campo livre às personagens e suas ações. Com efeito, a maior parte das fitas se faz para dar essa impressão. Na realidade, um pouco de atenção nos permite verificar que o narrador, isto é, o instrumental mecânico através do qual o narrador se exprime, assume em qualquer película corrente o ponto de vista físico, de posição no espaço, ora desta, ora daquela personagem. Basta atentarmos para a forma mais habitual de diálogo, o chamado "campo contra campo", onde vemos, sucessivamente e vice-versa, um protagonista do ponto de vista do outro.

A estrutura do filme freqüentemente baseia-se na disposição do narrador em assumir sucessivamente o ponto de vista (aí, não físico, mas intelectual) de sucessivas personagens. Um dos exemplos célebres é *Cidadão Kane*, de Orson Welles. A personalidade central nos é apresentada através dos testemunhos de seus antigos amigos e colaboradores, de sua ex-mulher e de outros comparsas menos importantes. Só não conhecemos o ponto de vista de Charles Foster Kane, o principal protagonista, pelo menos até o momento em que o narrador-câmara nos oferece alguns esclarecimentos. Os testemunhos e descrições contraditórias sobre o mesmo

---

1. A observação não se refere à matéria do estudo sobre "A Personagem do Romance", desta obra; mas a outras aulas do Curso, sobre técnica de narração e caracterização.

fato forneçam recursos cômicos ou dramáticos, como na velha obra de René Clair, *Les Deux Timides,* ou, mais recentemente, no *Rashomon,* de Kurosawa. Também é bastante comum que a construção do roteiro obedeça ao ponto de vista da personagem principal, como no caso de *Le Jour se lève* (*Trágico Amanhecer*), de Marcel Carné e Jacques Prévert.

Durante os primórdios do cinema falado, a tendência foi empregar a palavra apenas objetivamente, isto é, sob a forma de diálogos através dos quais as personagens se definiam e complementavam a ação. Ainda aqui encontramos uma técnica muito próxima da do romance. André Malraux observa que inicialmente no romance, e até Henry James e Conrad, a função primordial do diálogo era expor. Desejou-se suprimir o absurdo de um narrador onisciente e onipresente e substituiu-se essa convenção por outra. Numa fase ulterior, o romancista passa a utilizar o diálogo após longas passagens narrativas. É precisamente esta a maneira dos filmes falados produzidos até aproximadamente a Segunda Guerra Mundial, como *Quai des Brumes,* de Carné, ou *Stagecoach (No Tempo das Diligências)* e *The Long Voyage Home,* de John Ford; isto é, depois de seqüências sem fala, mais ou menos longas, irrompe o diálogo. A palavra é pois, nesses casos, usada exclusivamente em diálogos de cena.

Mais tarde, a palavra foi utilizada no cinema como instrumento narrativo, tendo havido períodos em que o método foi empregado com freqüência considerável. A fala narrativa se desenrolava paralelamente, às vezes em contraponto, à narração por imagens e ruídos. A narração falada se processa igualmente dos mais variados pontos de vista. Ora impera o narrador ausente da ação, outras vezes a narração se faz do ponto de vista e naturalmente com a própria voz de uma das personagens. Esse recurso assegurou não raro dimensões dramáticas novas às personagens do filme, e ainda aqui o exemplo que surge logo na memória é o de uma obra de Orson Welles, *The Magnificent Ambersons* (*Soberba*). Nessa fita, é como se tivéssemos dois graus diversos de narração, um fornecido pela imagem, outro pela fala. A narrativa visual nos coloca diante do mais fácil e imediato, do que seria dado a conhecer a todos. O narrador vocal sabe muito mais, na realidade sabe tudo, mas só nos fornece dados para o conhecimento dos fatos, de forma reticente e sutil. Quando chega, para o velho patriarca Amberson ao pé da lareira, a hora da morte, na sua fisionomia espantada os lábios frouxos tartamudeiam frases e palavras desconexas, enquanto a voz narrativa comenta que a morte de fato o apanhava desprevenido, apesar de tão velho, pois que nela nunca pensara, a não ser naquele momento exato de sua aparição. Ainda nessa obra encontramos uma bela utilização pelo cinema do recurso romanesco da voz interior, através da fala audível, se bem que não pronunciada, do protagonista no momento em foco. Uma carta de ruptura nos é transmitida até à metade pela voz da personagem que a escreve com os lábios cerrados; e a parte final, pela voz daquela que a recebe e de cuja fisionomia não emana uma palavra, mas apenas emoção. O emprego maciço desses recursos deu ao pároco da aldeia da fita de Bresson a mesma verdade dramática da personagem de Bernanos. Merece igualmente ser lembrada a efetiva interiorização feita por Lawrence Olivier, através da fala não pronunciada do mais célebre monólogo interior do príncipe Hamlet. Quando a palavra no filme escapou às limitações do seu emprego objetivo em diálogos de cena, rasgaram-se para ela horizontes estéticos muito mais amplos do que a simples narrativa, ou a utilização dramática do monólogo interior. O filme tornou-se campo aberto para o franco exercício de uma literatura falada, como o demonstrou a declamação poética de *Hiroshima, Mon Amour*, declamação de eminente relevo na constituição e expressão da protagonista central.

Há personagens cinematográficas feitas exclusivamente de palavras, à primeira vista pelo menos. O exemplo que logo ocorre é evidentemente a versão cinematográfica do romance *Rebeca*. Quando a fita começa, Rebeca já morreu e, como não há nenhuma visualização de fatos ocorridos anteriormente, só ficamos conhecendo-a graças aos diálogos das personagens que temos diante dos olhos. Mas seria absurdo pretender que se deve ao exclusivo poder da palavra a extraordinária presença da personagem. A dimensão adquirida pelas palavras trocadas entre as personagens presentes acerca da ausente fica sempre condicionada ao contexto visual onde se inserem. Ficamos conhecendo, tal qual, o ambiente da casa onde Rebeca viveu, pelo menos um vestido seu, e sobretudo contemplamos o tom particular que adquire não só a voz, mas a fisionomia das pessoas, cada vez que a ela se referem. No *Cidadão Kane* há uma personagem, Bernstein, que conheceu certa moça de quem nunca se esqueceu, e eu também não. Entreviu-a num cruzamento de barcos no rio Hudson durante alguns segundos; era então moço e viveu até uma idade bastante avançada. Pois bem, durante toda a sua vida não houve semana, ou talvez dia, em que não se lembrasse dela. O espectador da fita não vê a moça, as barcas, o rio Hudson, nem Bernstein na situação do encontro ou, em seguida, na da recordação periódica. Tomamos conhecimento de tudo isso apenas por uma frase que ele diz a um repórter que o entrevista. Ainda aqui, todavia, seria inexato pretender que a personagem fugidia e inesquecível dessa jovem se constitui apenas de palavras, pois a sua estruturação definitiva permanece na dependência da tonalidade da voz e, sobretudo, da expressão nostálgica da personagem de Bernstein.

O que ficou dito a respeito das diferentes maneiras de enfocar a personagem e o parentesco flagrante entre romance e cinema que daí decorre, não nos deve levar a nenhum delírio de identificação. A personagem de romance afinal é feita exclusivamente de palavras escritas, e já vimos que mesmo nos casos minoritários e extremos em que a palavra falada no cinema tem papel preponderante na constituição de uma personagem, a cristalização definitiva desta fica condicionada a um contexto visual. Nos filmes, por sua vez, e em regra generalíssima, as personagens são encarnadas em pessoas. Essa circunstância retira do cinema, arte de presenças excessivas, a liberdade fluida com que o romance comunica suas personagens aos leitores. Um inquérito limitado e fortuito foi suficiente para me levar à conclusão de que o leitor médio moderno visualiza Carlos da Maia sem barbas; entretanto, no texto de Eça de Queirós, o herói não só as possui, como elas têm função dramática pelo menos numa cena aflitiva com a Condessa de Gouvarinho. Esse exemplo de deformação indica a margem de liberdade de que dispomos diante de uma personagem que emana apenas de palavras. A Capitu de uma fita de cinema nunca seria essencialmente olhos e cabelos, e nos imporia necessariamente tudo o mais, inclusive pés e cotovelos. Essa definição física completa imposta pelo cinema reduz a quase nada a liberdade do espectador nesse terreno. Num outro, porém, o da definição psicológica, o filme moderno pode assegurar ao consumidor de personagens uma liberdade bem maior do que a concedida pelo romance tradicional. A nitidez espiritual das personagens deste último impõe-se tanto quanto a presença física nos filmes; ao passo que em muitas obras cinematográficas recentes e, de maneira virtual, em grande número de

111

películas mais antigas, as personagens escapam às operações ordenadoras da ficção e permanecem ricas de uma indeterminação psicológica que as aproxima singularmente do mistério em que banham as criaturas da realidade. Ainda aqui contudo essa estrada foi percorrida francamente pelo filme na retaguarda da literatura novelística contemporânea.

A esta altura de nossas considerações, teria chegado o momento, de acordo com o propósito anunciado, de estabelecer a junção da personagem novelística com a teatral, com a esperança de vermos delinear-se nesse encontro o contorno da personagem cinematográfica. Vamos pois afirmar que no filme evoluem personagens romanescas encarnadas em pessoas ou, se o preferirmos, personagens de espetáculo teatral que possuem mobilidade e desenvoltura como se estivessem num romance. O método a que estamos obedecendo de desdizer imediatamente as principais afirmações feitas não impedirá que restem destas últimas alguns resíduos sólidos e úteis. No cinema, pois, como no espetáculo teatral, as personagens se encarnam em pessoas, em atôres. A articulação que se produz entre essas personagens encarnadas e o público é, porém, bastante diversa num caso e noutro. De um certo ângulo, a intimidade que adquirimos com a personagem é maior no cinema que no teatro. Neste último a relação se estabelece dentro de um distanciamento que não se altera fundamentalmente. Temos sempre as personagens da cabeça aos pés [2], diferentemente do que ocorre na realidade, onde vemos ora o conjunto do corpo, ora o busto, ora só a cabeça, a boca, os olhos, ou um ôlho só. Como no cinema. Num primeiro exame, as coisas se passariam na tela de forma menos convencional do

---

2. Em encenações modernas, como as de Jean Vilar, os recursos da iluminação alteram profundamente esta norma. A obscuridade de um palco onde apenas está iluminado o rosto de uma personagem possui a equivalência dramática de um primeiríssimo plano cinematográfico.

que no palco, e decorreria daí a impregnância maior da personagem cinematográfica, o desencadeamento mais fácil do mecanismo de identificação. O prolongamento da reflexão nos leva porém a recordar que, se no espetáculo teatral as personagens estão realmente encarnadas em pessoas, já na fita nos defrontamos, não com pessoas, mas com o registro de suas imagens e vozes. Nesse fato deve-se procurar a explicação para um fenômeno que contraria o que acaba de ser exposto e nos revela, desde que nos coloquemos num ângulo diverso do escolhido anteriormente, a existência de um liame mais forte entre nós e a personagem de teatro, do que com a de cinema. Com efeito, reina no filme — conjunto de imagens, vozes e ruídos fixados de uma vez por todas — a aflitiva tranqüilidade das coisas definitivamente organizadas. No teatro não é assim. Cada freqüentador assíduo da cena conhece a experiência de ver uma atriz ou um ator escapar por um acidente à disciplina da personagem que encarnam, através de um desmaio, um tropeço ou um esquecimento. Essas ocorrências raras nos fazem penetrar no sentido da tensão particular que reina entre o público e os intérpretes do espetáculo teatral. É que dentro das convenções impostas e aceitas palpitam as virtualidades de um inesperado verdadeiro, que a realidade possui e o cinema ignora.

O aprofundamento das reflexões talvez nos leve a cavar entre a personagem de teatro e a do cinema um abismo tão profundo quanto o que vislumbramos entre esta última e a do romance. Não podemos, com efeito, evitar no teatro uma distinção inicial entre o texto literário teatral e a sua encenação. Hamlet é um herói de ficção que adquire estrutura através das palavras escritas dos diálogos da peça. Os diretores teatrais e os atores o interpretam, mas essas encarnações são provisórias, e no intervalo permanece a personagem com sua existência literária. No cinema a situação é outra. As indicações a respeito de personagens, que se encontram anotadas no papel ou na cabeça de um argumentista-roteirista-diretor, constituem apenas uma fase preliminar de trabalho. A personagem de ficção cinematográfica, por mais fortes que sejam suas raízes na realidade ou em ficções pré-existentes, só começa a viver quando encarnada numa pessoa, num ator. Chegados a este ponto, está prestes a revelar-se a profunda ambigüidade da personagem cinematográfica. Se a encarnação se processa através de uma pessoa, de um ator que nos é desconhecido, como, por exemplo, o do *Ladrão de Bicicleta* de De Sica e Zavattini, ele fica sendo a personagem e não há maiores problemas.

O exemplo está, entretanto, muito longe de ilustrar o que se passa na maior parte das vezes. Via de regra, a encarnação se processa através de gente que conhecemos muito bem, em atores que nos são familiares. Aliás, nos casos mais expressivos, tais atores são muito mais do que familiares; já são personagens de ficção para a imaginação coletiva, num contexto quase mitológico. A diferença que se manifesta aqui entre o ator de teatro e o de cinema é muito grande. Aquilo que caracteriza tradicionalmente o grande ator teatral é a capacidade de encarnar as mais diversas personagens. No cinema, os mais típicos atores e atrizes são sempre sensivelmente iguais a si mesmos. Os grandes atôres ou atrizes cinematográficos em última análise simbolizam e exprimem um sentimento coletivo. "Marlene Dietrich, escreveu André Malraux, não é uma atriz como Sarah Bernhardt, é um mito como Frinéia."

Dentro da ordem de pensamentos aqui expostos, podemos admitir que no teatro o ator passa e o personagem permanece, ao passo que no cinema sucede exatamente o inverso. Nas sucessivas encarnações através de inúmeros atores, permanece a personagem de Hamlet, enquanto no cinema quem permanece através das diversas personagens que interpreta é Greta Garbo. Aliás, não é totalmente exato afirmar que no cinema a personagem passa e o ator ou atriz fica. O que persiste não é propriamente o ator ou a atriz, mas essa personagem de ficção cujas raízes sociológicas são muito mais poderosas do que a pura emanação dramática. Na auréola mítica de Greta Garbo, tem singular relevo o seu aspecto de mulher difícil, inacessível. Não há filme de Greta Garbo em que a personagem por ela interpretada não se torne finalmente acessível à posse, e em muitos deles ela representou o papel de mulher fácil; mas nenhuma dessas evidências dramáticas perturbou um só instante a sua inacessibilidade mítica.

É facílimo enumerar uma lista de exemplos cinematográficos que contradizem frontalmente o que acabamos de expor. Como Hamlet, se bem que com maior margem de atualização, Tarzan é uma personagem que permanece, enquanto passam os atores que o interpretam na tela. Para recrutar as suas personagens o cinema não demonstra, efetivamente, o menor espírito de exclusividade. Age, pelo contrário, com a maior desenvoltura em relação às que encontra já prontas, isto é, elaboradas por séculos de literatura e teatro. A esse propósito, a expressão "pilhagem" tem sido empregada, e com justeza. O cinema se adapta mal ao critério de individualismo e originalidade que se tornou norma na melhor literatura. Para ele, tudo ocorre como se as personagens criadas pela imaginação humana pertencessem ao domínio público. Isto, aliás, sucede efetivamente com as maiores personagens criadas pela cultura do Ocidente. André Bazin observa que Dom Quixote é uma figura familiar para milhares de pessoas que nunca tiveram um contato direto com a obra de Cervantes. Para entendermos o que acontece com o cinema, é preciso igualmente lembrar, acompanhando ainda aqui algumas reflexões de Bazin, que é relativamente muito recente a noção de plágio, hoje em voga para as artes tradicionais. O comportamento do cinema nos reconduz até certo ponto ao tempo antigo, em que temas e personagens eram domínio comum das diversas artes e autores, quando estes eram identificáveis. Referindo-nos a um tempo mais próximo, podemos, com as devidas reservas, sublinhar como é compreensível, numa perspectiva cinematográfica, que Shakespeare, Molière ou Goethe tenham retomado personagens como Hamlet, D. Juan ou Fausto. Acontece, contudo, que a pilhagem cinematográfica de personagens célebres nunca se verifica no sentido de aprofundá-las e ampliá-las. No melhor dos casos, o cinema aspira a uma transposição equivalente, mas quase sempre o que faz é reduzi-las a um digesto simplificado e pobre. No entanto, é capaz de criar personagens tão poderosas quanto as da literatura ou do teatro, que ele pilha e humilha, embora, nos seus 67 anos de existência, só tenha na verdade produzido uma: Carlito.

O caso da obra de Charles Chaplin é até o momento singular na história do cinema. Da Primeira à Segunda Guerra Mundial viveu na tela e impregnou-se nas imaginações uma personagem tão popular como os maiores ídolos da história do cinema e, ao mesmo tempo, tão consistente, coerente e profunda quanto as maiores figuras de ficção criadas pela cultura ocidental. A distinção estabelecida com o exemplo de Greta Garbo entre a personagem dramática e a mítica não se aplica a Charles Chaplin, onde a carga mitológica ficou concentrada em Carlito. Isso pelo menos enquanto Chaplin permaneceu Carlito. Alterou-se o quadro ao nascerem as figuras de Verdoux, Calvero e do Rei em Nova Iorque, e a tendência dos que procuram restaurar uma unidade perdida é encontrar na personalidade mitificada de Chaplin a matriz unificadora de Carlito e das três outras personagens.

Vem a pelo uma reflexão final a propósito da personagem literária e teatral, de um lado, e a cinematográfica, de outro. Dada a vinculação, através de adaptações, entre romance, peça e filme, André Bazin apresenta uma hipótese razoável. Segundo ele, para um crítico daqui a cem anos não se apresentará o problema de saber qual o original. No caso das três expressões serem artisticamente equivalentes, o crítico sentir-se-á diante de uma mesma obra em três artes; de uma espécie de pirâmide artística com três faces igualmente válidas. Esse desinteresse pelas origens já caracteriza, em nosso tempo, a maior parte dos consumidores de personagens.

Resta porém um problema. A perspectiva histórica nos permite assegurar que as personagens de origem literária e teatral são capazes de viver séculos e de integrar-se definitivamente numa dada cultura. Dom Quixote, Hamlet e Fausto participam da cultura do Ocidente como Napoleão. Quem ousaria afirmar que no fim do século XXI Carlito, ou qualquer outra personagem de origem cinematográfica com mais de cem anos, estaria, como Lênin, integrada na cultura do tempo? E no caso afirmativo, seria o Carlito registrado em película na interpretação de Chaplin ou seria outro? A vitalidade da personagem literária, novelística ou teatral, reside no seu registro em letras, na modernidade constante de execução garantida por essas partituras tipográficas. A personagem registrada na película nos impõe até os ínfimos pormenores o gosto geral do tempo em que foi filmada. Poderá um Leonardo do cinema fazer aceitar pela posteridade uma Mona Lisa cujo fascínio e mistério seria expresso através de movimento, som, sofrimento, alegria e do contexto completo do seu drama?

Não temos meios de saber se a personagem cinematográfica adquirirá permanência. Para início de conversa, é muito mais laborioso preservar para a posteridade as personagens registradas nas imagens e palavras faladas da película, do que as impressas em linguagem escrita. Mesmo admitindo-se que não sofrerá solução de continuidade o movimento de salvaguarda de filmes, iniciado na década de trinta na Inglaterra, América, França e Alemanha, e que hoje se estende a cerca de 40 países, nada permite afirmar que as personagens enlatadas nos arquivos das Cinematecas terão assegurado o seu diálogo com a sensibilidade do futuro. É possível e talvez mesmo provável que os conservadores dessas instituições vivam na ilusão de estar preservando arte, quando na verdade o seu papel terá sido o de reunir materiais para os arqueólogos, historiadores e outros eruditos do futuro. Se isso não acontecer, se, contra uma série de evidências pressentidas, muitas das fitas realizadas em nosso século tiverem no século XXI o significado que têm para nós os romances de Stendhal, então Trina Mc Teague existirá como para nós existe Fabrício Del Dongo, *Greed* será conhecido como a *Chartreuse*, e um número equivalente ao das pessoas que hoje sabem quem foi Beyle saberá quem foi Stroheim. Os mais entendidos terão conhecimento de que a atriz que emprestou seu corpo e seu rosto a Trina chamava-se Zazu Pitts, e os eruditos citarão mesmo o nome de um obscuro escritor norte-americano, Frank Norris, autor de *Mc Teague,* um romance esquecido.

Naquele tempo estará morta a Greta Garbo mítica que o nosso século conheceu, e cujo estímulo vital terá dependido da contemporaneidade. Mas permanecerá a sua contribuição às faces múltiplas, à tradição e ao polimento das personagens da *Dama das Camélias* ou de *Anna Christie.*

Como as personagens de ficção, as que emanam da história permanecem vivas através de palavras e imagens. Ainda aqui o filme trará a sua contribuição destacada à imensa fantasia da memória do mundo. Napoleão é transmitido através de palavras e das imagens estilizadas e fixas da pintura e da estatuária. Hitler terá tudo isso acrescido das imagens em movimento e estilizadas pelo preto e branco e outras imperfeições do registro cinematográfico.

LITERATURA NA PERSPECTIVA

A Poética de Maiakóvski
  Boris Schnaidermíui (D039)

Etc... Etc... (Um Livro 100% Brasileiro)
  Blaise Cendrars(D110)

A Poética do Silêncio
  Modesto Carone (D151)

Uma Literatura nos Trópicos
  Silviano Santiago (D155)

Poesia e Música
  Antônio Manuel e outros (D195)

A Voragem do Olhar
  Regina Lúcia Pontierí (D214)

Guimarães Rosa: As Paragens Mágicas
  Irene Gilberto Simões (D216)

Borges A Guimarães
  Vera Mascarenhas de Campos (D218)

A Linguagem Liberada
  Kathrin H. Rosentield (D221)

Tutameia: Engenho e Arte
  Vera Novis (D223)

O Poético: Magia e Iluminação
  Álvaro Cardoso Gomes (D228)

História da Literatura e do Teatro Alemães
  Anatol Rosenfeld (D255)

Letras Germânicas
  Anatol Rosenleld (D257)

Letras e Leituras
  Anatol Rosenleld (D260)

O Grau Zero do Escreviver
  José Lino Grünewald (D285)

Literatura e Música
  Solange Ribeiro de Oliveira (D286)

Maneirismo na Literatura
  Gustav R. Hocke(D315)

Tradução. Ato Desmedido
  Boris Schnaiderman (D321)

Teorias do Espaço Literário
  Luis Alberto Brandão (E314)

Haroldo de Campos: Transcriação
  Marcelo Tápia e Thelma Médici Nóbrega(orgs.)(E315)

América Latina em sua Literatura
  Unesco(E052)

Vanguarda e Cosmopolitismo
  Jorge Sclnvartz(E082)

Poética em Ação
  Roman Jakobson (E092)

Que é Literatura Comparada
  Brunel. Pichois, Rousseau (E115)

Imigrantes Judeus / Escritores Brasileiros
  Regina Igel (E156)

Barroco e Modernidade
  Irlemar Chiampi (E158)

Escritos Psicanalíticos sobre Literatura e Arte
  George Grocldeck (E166)

Entre Passos e Rastros
  Berta Waldman(E 191)

Franz Kafka: Um Judaísmo na Ponte do Impossível
  Enrique Mandelbaum (E193)

A Sombra de Ulisses
  Piero Boitani (E203)

Samuel Beckell: Escritor Plural
  Célia Berrettini (E204)

A Literatura da República Democrática Alemã
  Rulh Röhl e Bernhard J. Scharwz (E236)

Dialéticas da Transgressão
  Wladimir Krysinski (E242)

Proust: A Violência Sutil do Riso
  Leda Tenório da Moita (E245)

Poder, Sexo e Letras na República Velha
  Sérgio Miceli (EL04)

Relações Literárias e Culturais entre Rússia e Brasil
  LeonidShur(EL32)

O Romance Experimental e o Naturalismo no Teatro
  Émile Zola(EL35)

Leão Tolstói
  Máximo Górki (EL39)

Panaroma do Finnegans Wake
  Augusto e Haroldo de Campos (S01)

Ka
  Velimir Khlébnikov (S05)

Dosloiévski: Prosa Poesia
  Boris Schnaiderman (808)

Deus e o Diabo no Fausto de Goethe
  Haroldo de Campos (S09)

Olho-de-Corvo
  Yi Sáng (Yun Jung Im – Org.) (S26)

Re Visão de Sousandrade
  Augusto e Haroldo de Campos (S34)

Textos Críticos
  Augusto Meyer e João Alexandre Barbosa (org.) (T004)

Ensaios
  Thomas Mann (T007)

Caminhos do Decadentismo Francês
  Fulvia M. L. Morett (org.) (T009)

Büchner: Na Pena e na Cena
  J. Guinsburg e Ingrid Dormien Koudela(orgs.)(T017)

Aventuras de uma Língua Errante
  J. Guinsburg (PERS)

O Redemunho do Horror
  Luiz Costa Lima (PERS)

Termos de Comparação
  Zulmira Ribeiro Tavares (LSC)

TEORIA DA LITERATURA NA PERSPECTIVA

A Personagem de Ficção
　Antonio Candido e outros
　(D001)

As Estruturas Narrativas
　Tzvetan Todorov (D014)

Introdução à Literatura Fantástica
　Tzvetan Todorov (D145)

A Lógica da Criação Literária
　Käte Hamburger (E014)

Pessoa e Personagem
　Michel Zeratta (E069)

Poética em Ação
　Roman Jakobson (E092)

Poética do Traduzir
　Henri Meschonnic (E257)

Estrutura e Problemas da Obra Literária
　Anatol Rosenféld (EL001)

Pessoa e Personagem
　Michel Zéraffa (PERS)

Psicanálise e Teoria Literária
　PhillipeWillemart(E325)

Este livro foi impresso na cidade de Cotia,
nas oficinas da Meta Brasil,
para a Editora Perspectiva.